Gernot Beger

Der Grenzgänger

Erlebnisse eines Schwerhörigen

Bibliografische Information der Deutschen Nationalbibliothek

Die Deutsche Nationalbibliothek verzeichnet diese Publikation in der Deutschen Nationalbibliografie; detaillierte bibliografische Daten sind im Internet über http://dnb.ddb.de abrufbar.

ISBN 978-3-89969-265-5

www.principal.de

Printed in Germany

Gernot Beger

Der Grenzgänger

Erlebnisse eines Schwerhörigen

Erzählung

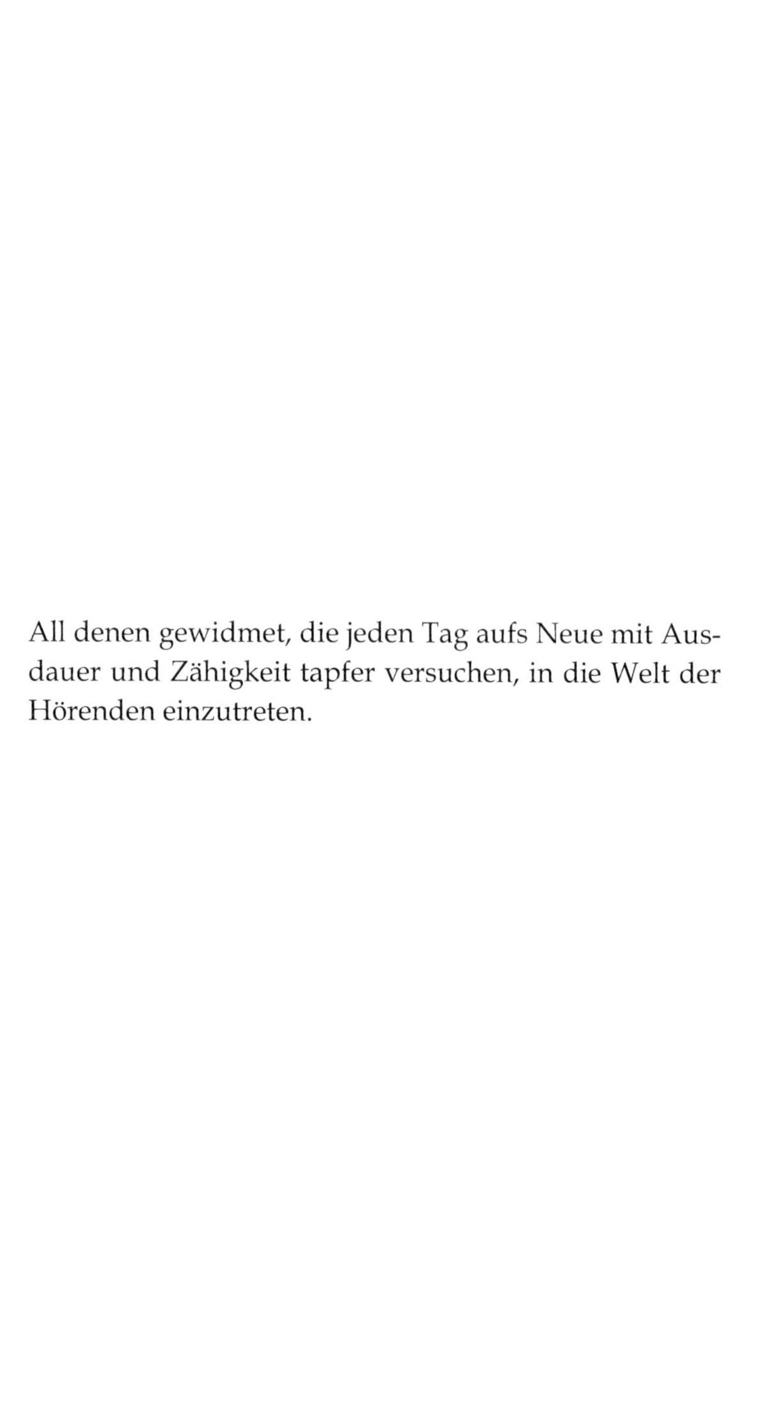

All denen gewidmet, die jeden Tag aufs Neue mit Ausdauer und Zähigkeit tapfer versuchen, in die Welt der Hörenden einzutreten.

Großen Dank

für die tatkräftige Mitwirkung und Begleitung bei der Konstruktion der Erzählung schulde ich meiner Frau Petra, die immer dann mit Ideen weiterhalf, wenn meine Fantasie ins Stocken geriet. Wertvolle Hilfen bei der Erstellung des Buchtextes fand ich bei Anette Kommans, Annette Horstmann und Brigitte Daniel, die durch das ergänzende Verlagslektorat von Eddy Langer ihren Abschluss fand.

Der Autor

Gernot Beger wurde 1950 in Neuss geboren. Er machte eine Ausbildung zum Bankkaufmann, studierte Wirtschaftswissenschaften und arbeitete bis zu seiner Pensionierung als Direktor einer Bank für Unternehmensfinanzierung in Düsseldorf. Seit seinem Ausstieg aus dem Berufsleben widmet er sich der Schriftstellerei. Er ist Autor religionskritischer Bücher, aber auch von Kriminalkomödien, die mit viel Witz und Humor aus Sicht seiner Ridgeback-Hündin geschrieben sind. 2023 wurde sein historischer Roman *Der stumme Zeitzeuge* verlegt. Beger ist verheiratet, hat einen Sohn und lebt seit über zehn Jahren in Münster.

Kontaktmöglichkeiten über seine Autorenseite:
www.gernotbeger.de

Inhalt

1. Die Zeitungsanzeige

Walter Brinkmann war Frührentner und hörgeschädigt.

Damit ist schon fast alles über sein tristes Dasein gesagt, wären da nicht noch seine Frau Susanne, sein Freund Heiner und eine gewisse Nicole. Alles Personen, die im Berufsleben stehen, ein vorzügliches Hörorgan besitzen und das Gemüt eines schwerhörigen Ruheständlers in Wallung zu bringen wissen.

Das Rentnerdasein bietet allerdings auch einige wenige angenehme Begleiterscheinungen, bei denen man nicht auf gut funktionierende Ohren angewiesen ist. Eine ausführliche Zeitungslektüre zum Beispiel. Walter widmete sich dieser Tätigkeit stets nach dem Frühstück mit Hingabe, wenn seine berufstätige Frau Susanne das Haus verlassen hatte.

An einem Mittwochmorgen im März fiel ihm im Regionalteil der Westfälischen Nachrichten eine Kleinanzeige auf, der noch Beachtung beizumessen ist. Zuvor soll jedoch über den Gemütszustand des Protagonisten berichtet werden, um die Bedeutung der Zeitungsannonce verstehen zu können.

Seitdem Walter seinen Beruf vor einem halben Jahr aufgeben musste, hatte sich seine Seelenlage geändert. Es wäre sicherlich übertrieben, sie mit Verbitterung und Frustration zu umschreiben. Aber er empfand seinen Alltag zunehmend als öde und leer. Er vermisste schmerzlich die seinem Naturell entsprechende Tätigkeit als Controller bei Kleinfeld & Körner, einer alteingesessenen Bank, für die er achtundzwanzig Jahre tätig war. Das Sammeln und Analysieren von Daten und Informationen, die Überwachung und Einhaltung vorgegebener Ziele war seine Welt, hierin ging er auf. Dass er von einigen Kollegen als Kontrollfreak und lästigen Erbsenzähler bezeichnet wurde, störte ihn nicht wirklich.

Walters zunehmende Schwerhörigkeit, die ihm seit seinen Kindheitstagen das Leben erschwerte, war der Grund für sein vorzeitiges Karriereende. Lange hatte er versucht, sein Hörproblem zu verheimlichen, und vermieden, ein Hörgerät zu tragen, das für alle Außenstehende sein Defizit erkennbar machen würde. Schwerhörigkeit wird als Stigma empfunden und Hörgeräteträger, so seine Befürchtung, werden als Behinderte angesehen, denen auch die fachliche Kompetenz abgesprochen wird. Wer taub ist, ist auch dumm!

Als sich sein Hörvermögen trotz technischer Hilfsmittel verschlechterte, als Missverständnisse und Fehler in seiner Arbeit, die auf falsches Hören beruhten, sich mehrten, Mitarbeiter nicht eingehaltene Verabredungen reklamierten, er sich zunehmend separierte, eigenbrötlerisch und des Öfteren desorientiert wirkte, stimmte er mit seinen siebenundfünfzig Jahren einer Aufhebung seines Arbeitsvertrages zu. Die damit einhergehende nicht unerhebliche Abfindung war für ihn nur ein schwacher Trost.

Nachdem er in den ersten Wochen seines Ruhestandes private Unterlagen sortiert, Fotos aus diversen Urlauben geordnet und kleine Arbeiten am Haus durchgeführt hatte - alles Tätigkeiten, die für eine gewisse Zeit die Leere nach dem Berufsaustritt verschleierten -, stellte sich Langeweile ein. Dies umso mehr, als seine zwölf Jahre jüngere Frau Susanne erfolgreich ein Reisebüro führte, welches wenig Zeit für gemeinsame private Aktivitäten zuließ.

Walter hatte sich daher einen lange gehegten Traum erfüllt und einen vierzehn Monate alten Ridgeback gekauft, den der Vorbesitzer aus gesundheitlichen Gründen abgeben musste. Für Walter war die Beschäftigung mit der jungen Hündin, die er Kumba nannte, nicht nur ein angenehmer Zeitvertreib, sondern auch die Gewähr für gesundheitsfördernde Spaziergänge.

Ein ähnlich intensiver Wunsch sollte ihm jedoch weiterhin verwehrt bleiben, obwohl er jetzt die Zeit hatte, ihn zu realisieren: eine mehrwöchige Rundfahrt durch Südfrankreich. Vor über dreißig Jahren hatte er mit seiner damaligen Freundin in den Semesterferien mehrwöchige Exkursionen durch das Languedoc, die Gascogne und die Provence gemacht. Die damals gewonnenen Eindrücke zählten zu seinen schönsten Urlaubserlebnissen.

Mit seiner Ehefrau Susanne wollte er eine solche Rundreise wiederholen. Allerdings hatte sie bisher erfolgreich Argumente gegen diese Urlaubstour vorgebracht. Die Fahrt mit dem Auto sei zu anstrengend, der oftmalige Hotelwechsel zu stressig, die Franzosen würden ihr nicht liegen und außerdem würden sie, Susanne und er, Walter, kein Französisch sprechen. Daher käme für sie nur ein Pauschalurlaub mit Flug oder, noch besser, eine erholsame Kreuzfahrt infrage. Für Walter war dies besonders bitter, waren Kreuzfahrtschiffe für ihn doch nicht mehr als schwimmende Plattenbauten.

Über Monate hinweg hatte er sich wund gedacht und dann einen Plan entwickelt, um ihre Bedenken zu entkräften: Hierzu gehörte der heimliche Besuch eines Französischkurses mit dem Ziel, sich die erforderlichen Sprachkenntnisse anzueignen. Zusätzlich sollte in die Rundreise durch Südfrankreich ein einwöchiger Aufenthalt in einem schicken Wellnesshotel integriert werden. Wenn er seiner Frau diesen kombinierten Urlaubsvorschlag dann in einer günstigen Situation – zum Beispiel bei einem romantischen Abendessen – unter Ausnutzung des Überraschungseffektes präsentieren würde, könnte sie ihn kaum ablehnen. So jedenfalls seine Hoffnung.

Die Kleinanzeige, die Walter in der Zeitung unter der Rubrik ›Unterricht‹ entdeckte, sah wie ein geeigneter Baustein für sein Urlaubsprojekt aus. Das Inserat hatte folgenden Inhalt:

Muttersprachlerin erteilt Einzelunterricht in Französisch für Anfänger und Fortgeschrittene. Auch Hausbesuche möglich.

Nähere Informationen unter 01525-3134921, Nicole Haussmann.

Dies war genau das, was Walter suchte. Eine weibliche Stimme verstand er besser als eine männliche und Einzelunterricht war für ihn effizienter als Gruppenunterricht. Vor einigen Wochen hatte er einen Kurs in Geschichte an der Volkshochschule abgebrochen, weil er wegen seiner Hörbehinderung nur Bruchstücke verstand. Zu weit weg saßen die, die er verstehen wollte, zu nah saßen andere, die er nicht hören wollte. Die Möglichkeit, den Sprachkurs in der heimischen Wohnung abzuhalten, würde er natürlich nicht wahrnehmen. Seine Frau könnte Wind von seinem Vorhaben bekommen und womöglich falsche Schlüsse daraus ziehen.

Walter leerte seine Kaffeetasse, drückte noch rechtzeitig seine Morgenzigarette aus, die er gelegentlich rauchte, bevor deren fahl gekrümmte Reste auf seiner Kleidung zerfielen und griff zu seinem Handy. Er vergewisserte sich, dass seine Hörhilfen mit dem iPhone gekoppelt waren und wählte die angegebene Telefonnummer. Wenn die Technik funktioniert, was längst nicht immer der Fall war, würde er seine Gesprächspartnerin verstehen können. Wenige Sekunden später meldete sich eine Stimme in nahezu akzentfreiem Deutsch und in bester Sopranlage.

»Nicole Haussmann, was kann ich für Sie tun?«

Irritiert über die hohe Stimme wollte Walter schon nach der Mutter seiner Gesprächspartnerin fragen, wählte dann aber eine neutrale Formulierung: »Ich rufe wegen eines Sprachunterrichts an. Bin ich da bei Ihnen richtig?«

»Ja, ich gebe Französischkurse für alle Entwicklungsstufen. Wie sind denn Ihre Kenntnisse?«, flötete die Angerufene lebhaft.

»Ich fürchte, bei mir müssen Sie von vorne beginnen. Das Wenige, das ich gelernt habe, ist ziemlich verschüttet«, beschönigte Walter den Umstand, dass er absoluter Anfänger war. Er fragte nach der Adresse und klärte mit ihr den Preis für die Doppelstunde, die er für dienstags und donnerstags jeweils um elf Uhr direkt nach seiner Sportgymnastik vereinbarte. Susanne gegenüber könnte er durch diese zeitliche Anbindung an seinen Fitnesskurs die Französischstunden sicherlich verbergen. Die erste Unterrichtseinheit sollte bereits am folgenden Tag stattfinden.

Zufrieden räumte er das Frühstücksgeschirr beiseite und überlegte, wer sich wohl hinter der kindähnlichen Telefonstimme, die klar wie der Klang einer Glocke nachhallte, verbergen würde.

›Hauptsache‹, so sagte er sich, ›sie ist gut zu verstehen.‹

Der Klang menschlicher Stimmen hatte für Walter eine besondere Bedeutung. Ob ihm Leute sympathisch waren, hing stark von der Deutlichkeit ihrer Aussprache und der Frequenz ihrer Stimme ab. Ein Nuscheln, ein Verschlucken der Wortendungen oder leises Sprechen empfand er als wenig wertschätzend dem Gesprächspartner gegenüber, erst recht, wenn dieser schwerhörig war. Deshalb hielt sich die Zahl seiner Freunde in überschaubaren Grenzen, während Susanne, gefördert durch ihre bedingungslose Offenheit, zahlreiche Freundschaften unterhielt. Als er seine Frau kennenlernte - der erste Kontakt erfolgte über das Telefon -, verliebte er sich in ihre Stimme.

Walter unternahm seinen routinemäßigen morgendlichen Kontrollgang durch und um das Haus. Ein leeres Glas und Verpackungsreste einer Schokoladentafel, die Susanne in ihrer Unbekümmertheit stehen und liegen gelassen hatte, sammelte er ein, ordnete die Hundedecken in Kumbas Körbchen, befreite den Gartenweg von Ästen, die der nächtliche Sturm hinterlassen hatte und überprüfte die Türschlösser zum Kellereingang und zur Garage. Im Heizungskeller schaute er nach dem Manometer des Kessels und füllte Wasser nach.

Zufrieden setzte er sich dann an seinen Schreibtisch, um wie jeden Morgen seinen Tagesplan, er nannte ihn Actionliste, aufzustellen. Für ihn war das nicht eine dieser To-do-Listen, in die man hundert Dinge aufführt, die man tun sollte, bevor man darüber nachdenkt, warum sie getan werden sollen. Nein, seine Liste hatte für ihn einen symbolischen Charakter und eine schon fast rituelle Bedeutung. Sie war wie ein schriftlicher Vertrag mit sich selbst, unangenehme Arbeiten zu erledigen. Sie erinnerte ihn zudem an seine berufliche Arbeit, da sie seinem Tagesablauf damals wie heute eine feste Struktur gab.

Sparsam wie er war, benutzte er hierfür stets die freie Rückseite bereits gebrauchter Blätter, die sorgfältig gestapelt, an einem festen Platz auf seinem Schreibtisch lagen und auf ihre nochmalige Verwendung warteten. Wie an den meisten Tagen seines vorgezogenen Ruhestandes war die Anzahl der Aktivitäten sehr überschaubar.

Eine ungeahnte Verlängerung der Actionliste mit einem nicht zu unterschätzenden Überraschungspotenzial konnte allerdings durch Susanne entstehen. Seitdem sie die Existenz dieser Liste wahrgenommen hatte, führte sie dort in der ihr eigenen Nonchalance die unterschiedlichsten Punkte auf, die nach ihrer Meinung einer Erledigung bedurften. Von der Beschaffung eines speziellen Nagellacks über den Reifenwechsel ihres Minis bis hin zum Putzen von Kellerräumen reichte ihr Repertoire. Walter konnte sich dem gelegentlich nur entziehen, wenn ihre Handschrift – und die war von ihr selbst zugegeben nicht die leserlichste – tatsächlich oder vorgeblich nicht zu entziffern war. Aber dieser Ausweg verschaffte ihm nur eine kurze Galgenfrist. Am nächsten Tag fand er denselben Eintrag in Druckbuchstaben wieder auf der Liste. Heute hatte er Glück. Seine Actionliste war frei von Sonderaufgaben.

Er trug an diesem Morgen die Stichwörter ›E-Mail an Heiner‹, ›Staubsaugen Obergeschoss‹, ›Einkauf im Supermarkt‹, und wie jeden Morgen, ›Hundespaziergang mit Roland‹ in seine Liste ein. Mit Susanne war er übereingekommen, einen Teil der Hausarbeiten zu übernehmen. Dazu gehörte auch neben dem gelegentlichen Kuchenbacken das Zubereiten der Mahlzeiten, was er gerne tat, und der hierfür erforderliche Einkauf der Lebensmittel, was er weniger gerne tat.

Ihm fehlten für das Abendessen nur Brot und Käse, die er auf dem Markt oder im weiter entfernt liegenden Einkaufszentrum erhalten würde. Er nahm sich vor, den Einkauf im zeitaufwendigeren Supermarkt zu erledigen. Dem Wochenmarkt brachte er zwar romantische Gefühle entgegen, der Einkauf führte dort aber oft zu unerquicklichen Diskussionen, die hörtechnisch in einem Fiasko enden konnten. Dann hatte man womöglich den falschen Gegenstand gekauft und musste zusätzlich beim Bezahlen mit Missverständnissen rechnen.

Walter pflegte daher in diesen Fällen mit Zwanzig- oder Fünfzig-Euro-Scheinen zu zahlen, weil er den korrekten Kaufpreis nicht richtig verstanden hatte. Kleiner Nebeneffekt: Sein Portemonnaie war zumeist prall gefüllt mit Wechselgeld. Er fühlte sich daher in den unpersönlichen Warenhäusern und Supermärkten mit ihrer Interaktionsvermeidung wohler. Man konnte dort ein Brot seiner Wahl und abgepackten Käse kaufen, ohne sich zuvor auf eine Konversation einlassen zu müssen, und vermied, einen trotteligen Eindruck zu hinterlassen.

Im örtlichen Reformhaus würde er zusätzlich noch vorwurfsvolle Blicke ernten, weil er dort nur gelegentlich einkaufte. Die einzigen Standardfragen, mit denen man an der Supermarktkasse rechnen musste, waren: »Wie ist Ihre Postleitzahl?« und »Sammeln Sie Treuepunkte?«. Walter hatte es selbst bei dieser eingegrenzten Kommunikation fertiggebracht, der Kassiererin verständnislose Blicke zu entlocken, als er auf die Frage nach seiner Postleitzahl mit einem »Nein, ich bin untreu« antwortete. In solchen Momenten nahm er sich vor, öfter das seelenlose Internet zu nutzen.

Das Staubsaugen gehörte mit dem Bügeln, zu dem er sich von Susanne verpflichten ließ, zu den unangenehmsten Aufgaben seiner Tätigkeit als Hausmann. Er verlegte daher die Arbeiten kleinteilig auf mehrere Wochentage und trug jede einzelne in seine tägliche Actionliste ein. Dies gaukelte ihm ein vielseitiges Arbeitspensum vor und verschaffte ihm die Genugtuung, am Ende des Tages auf eine lange und abgehakte Arbeitsliste schauen zu können.

Die E-Mail an Heiner Blümer, seinem ehemaligen Arbeitskollegen, zählte zu den gefälligen Punkten seiner Liste. Die langjährige Freundschaft der beiden bildete eine stabile Basis für konträre Diskussionen, die auch Heiners berufliche Tätigkeit betraf. Walter hatte vor, einen Termin abzustimmen, um mit ihm ein Bier trinken zu gehen.

Ansonsten bot dieser Mittwoch viel Zeit, die von Walter nach Belieben zu gestalten war. Vielleicht würde er sich nach dem Hundespaziergang, den er oftmals gemeinsam mit seinem Freund Roland, dem Halter eines Labradors, beging, in seine alten Reiseunterlagen vertiefen und Inspirationen für seinen geplanten Frankreichurlaub sammeln.

2. Französischkurs I

Nicole wirkte irritiert.

»Mit wem bist du denn da online?«, fragte sie und betrachtete interessiert den Sender von Walters Cochlear Implantat, der hinter dem rechten Ohr an seinen Haaren zu kleben schien und deutlich zu sehen war.

Walter lachte und erklärte ihr, dass er mit niemandem verbunden sei. Was sie an seinem Kopf sehe, sei vielmehr ein Wunderwerk der Technik, das selbst bei Tauben noch ein gewisses Hören ermögliche, was bei ihm rechtsseitig der Fall sei.

»Auf der anderen Seite habe ich ein kleines fast unsichtbares Hörgerät«, ergänzte er.

»Und ohne diese Technik kannst du mich nicht hören, bist du verloren in der weiten Welt«, feixte sie schmunzelnd in leicht gefärbter französischer Aussprache.

»Oft genug«, antwortete Walter ernst. »Ohne meine Technik und ohne meine Frau wäre ich häufig verloren.«

»Ah, du bist verheiratet. Hast du geheiratet, damit jemand für dich spricht? Pauvre homme! Was würdest du ohne uns Frauen machen?« Nicole kicherte, ohne seine reservierte Haltung zu beachten.

»Schwerhörige Männer haben auch ihre Vorteile«, fuhr sie erstaunlich offenherzig fort. »Ich schnarche nämlich und es wäre super entspannend für mich, wenn mein Partner davon nichts mitbekäme.«

Walter war zuvor wie vorgesehen direkt von seinem Fitnessklub, der im selben Stadtrandviertel von Münster lag wie seine Wohnung, in die Innenstadt zu Nicole gefahren. Ein typischer münsterländischer Nieselregen aus tief hängenden Wolken hatte ihn mit seinem neuen Tiguan ins Hafengebiet begleitet. Lange war er nicht mehr hier gewesen. Neue, aus dem Boden geschossene Büro- und Wohngebäude, die von der Umwandlung des einstmals industriell geprägten Hafengebietes in einen Kreativkai mit Restaurants sowie Wohn- und Verwaltungsquartier zeugten, ließen nur wenig Raum für Parkplätze.

Walter musste seinen Wagen in einem Parkhaus abstellen. Zu Fuß und mit aufgespanntem Regenschirm setzte er seinen Weg auf Gehsteigen fort, deren schillernde Schmierschicht von einer nahe gelegenen Baustelle stammte. Vorbei an dem klotzigen Gebäude der VR Bank, die bei jedem Wetter helfend mit Kleinkrediten einsprang, war er bald bei der gesuchten Adresse angelangt: einem Wohnblock im postmodernen Legobaustil. Neben der repräsentativen Eingangstür hatte Walter auf polierten Metallplättchen nach dem Namen Haussmann gesucht und die Klingel gedrückt.

Nicoles Wohnung befand sich im dritten Stock und bot durch bodentiefe Fenster einen beeindruckenden Ausblick über das Hafenbecken. Im Gegensatz dazu zeigte sich ihre Zweizimmerwohnung mit nur wenigen Möbelstücken und zahlreichen Umzugskartons in einer langweiligen Tristesse. Eilige Übersetzungsarbeiten für einen französischen Verlag hätten ihr noch keine Zeit für die Einrichtung der Wohnung gelassen, erklärte sie entschuldigend.

Walters nassen Regenschirm hatte sie in der Dusche deponiert und seinen Trenchcoat auf einem Karton abgelegt. Währenddessen hatte er in dem ihm angebotenen Sessel Platz genommen.

Nicole war Ende dreißig. Sie trug lange dunkle Haare, die auf einen beigen, auf der bloßen Haut getragenen Pullover fielen und besaß eine sportliche Figur mit wohlgeformten Beinen, die sie durch einen kurzen Rock vorteilhaft zur Geltung brachte. Ihr Lächeln wirkte auf Walter leicht ironisch und ihre Stimme klang laut, deutlich und weniger hoch, als er es am Telefon wahrgenommen hatte.

Sie hatte sich ihm gegenüber auf die Couch gesetzt, vor der ein kleiner niedriger Tisch stand und ihm sofort das Du angeboten. Es würde den Umgang miteinander vereinfachen, meinte sie. „Ich bin eher ein Mann der kleinen Schritte, wir kennen uns ja kaum", war Walters abweisende Antwort gewesen. Er hatte diese Art von plumper Vertrautheit noch nie gemocht. Die erste Unterrichtseinheit war als Probestunde vorgesehen.

Walter war schnell ein angenehmer Umstand aufgefallen: Die Wohnung mit dem Echtholzparkett war so still, wie man es in einem Tonstudio erwarten würde; ein guter Ort für einen Schwerhörigen. Dennoch kam es gleich zu Beginn zu einem sprachlichen Missverständnis. Sie erzählte, dass sie erst vor einem halben Jahr eingezogen sei. Zuvor habe sie in mehreren Städten mit französischen Schulen zusammengearbeitet, was sehr anstrengend gewesen sei.

Walters erstaunt klingende Frage, ob sie etwas gegen diese Schüler hätte, hatte sie mit Unverständnis beantwortet. Walter ließ es dabei beruhen, ohne seinen Einwand zu vertiefen. Er wunderte sich allerdings, warum sie - so wie er verstanden hatte - die Zusammenarbeit mit Schwulen als beschwerlich ansah.

Nicole fragte interessiert, warum er Französisch lernen wolle, und erfuhr, dass Walters geplante Urlaubsreise mit seiner Frau der Grund sei.

»Bien, dann mögt ihr beide also Frankreich! Wart ihr schon oft da?«

»Zusammen kein einziges Mal«, gestand Walter. »Meine Frau bevorzugt berufsbedingt Pauschalreisen in Ländern wie Spanien, Italien, Türkei oder auch Kreuzfahrten.«

»Berufsbedingt?«, setzte Nicole nach.

»Sie hat ein kleines Reisebüro und verbindet das Nützliche mit dem Angenehmen. Viele der Reisen werden von den Veranstaltern gesponsert und sie kann ihren Kunden aus eigener Anschauung etwas empfehlen«, erklärte Walter.

»Armer Ehemann!« Der spöttische Unterton in ihrer Stimme war nicht zu überhören. »Vielleicht musst du dir für deinen Urlaub eine andere Partnerin suchen«, frotzelte sie. »Egal, dann werden wir uns bei dem Unterricht auf die Kommunikation konzentrieren, die du brauchst, um deine Frau durch Frankreich zu führen, es sei denn, du hast spezielle Sonderwünsche«, ergänzte sie mit einem für Walter verwirrenden Augenaufschlag. »In fünf oder sechs Monaten wirst du sprachlich fit genug dafür sein. Und ein paar Reisetipps werde ich dir auch geben können.«

Als Walter seine Sprachlehrerin nach der Probestunde verließ, hatte es aufgehört zu regnen und vereinzelte Sonnenstrahlen blinzelten durch die aufgerissene Wolkendecke. Ähnlich uneinheitlich waren seine Gefühle über den begonnenen Sprachunterricht. Ihm gefiel Nicoles klare Stimme und ihre saubere Aussprache. Ihn irritierte jedoch ihr selbstbewusstes Auftreten, ihr unabgestimmtes Duzen und die kecke Art, wie sie ihre unverkennbaren weiblichen Reize einsetzte. Als Mann in den nicht mehr besten Jahren fühlte er sich zwar geschmeichelt, aber es ging ihm nur um einen Sprachunterricht.

›Nun, ich kann problemlos absagen‹, überlegte er. Schließlich war es eine kostenlose Probestunde.

∞

Auf der Fahrt vom Hafen nach Hause erinnerte er sich an die Zusage, die er Susanne bereits vor einigen Tagen gegeben hatte: Die Teilnahme an einem Geschäftsessen mit den drei Mitarbeiterinnen ihres Reisebüros, welches an diesem Abend stattfinden sollte. Der Anlass war ein Jubiläum. Das Reisebüro bestand seit zwölf Jahren. Susanne hatte auch die Lebenspartner ihrer Angestellten eingeladen und daher auch Walter gebeten, mitzukommen. Er verzog missmutig das Gesicht. Ihm würde zwar als Hausmann die Zubereitung des Abendessens erspart bleiben, aber der Preis erschien ihm hoch. Einen Abend mit fremden Menschen zu verbringen, ist für jeden Schwerhörigen eine Herausforderung. Bereits bei der Begrüßung wäre eine unangenehme Entscheidung zu treffen.

Sollten die fremden Teilnehmer von seiner Behinderung sofort mit »Guten Abend, ich bin Walter Brinkmann und schwerhörig« informiert werden? Das klingt überhaupt nicht interessant und wenig sexy. Es ist die Preisgabe eines Makels und wirkt wie das Eingeständnis eines chronischen Mundgeruchs. Die anderen würden zwar nicht fluchtartig das Lokal verlassen, aber einen steifen Abend mit Problemen erwarten. Und wie sollten sie sich verhalten? Ihr Bedauern mit »Oh, das tut mir aber leid« vorzugsweise mit überlauter Stimme ausdrücken oder den Hinweis so verstehen, ihn im Laufe des Abends gar nicht erst anzusprechen, um unangenehme Situationen zu vermeiden? Letzteres wäre nach Walters Meinung immerhin ein Vorteil des frühen Outens.

Die andere Möglichkeit, das Hörproblem zu ignorieren und so lange wie möglich auszusitzen, hätte nur einen kurzzeitigen Vorteil. Wenn man schweigend oder murmelnd nickend vorgibt, den Gesprächspartner verstanden zu haben, setzt man sich der Gefahr aus, sich in peinliche Missverständnisse und Verwicklungen zu begeben. Zudem wirkt Schwerhörigkeit von außen oft wie geistig unterbelichtet oder gar dement.

Man kann als Schwerhöriger auch den Stier bei den Hörnern packen und pausenlos über ein selbst gewähltes Thema reden, ohne sein Gegenüber zu Wort kommen zu lassen. Eine solch eklatante Verletzung der üblichen Regeln des Dialogs erledigt das Problem des Hörens und Verstehens von selbst und würde dem Gesprächspartner auch bei künftigen Begegnungen eine Warnung sein.

Unzufrieden mit dem Ergebnis des Französischkurses und der Aussicht auf ein anstrengendes Abendessen, parkte er den Wagen missmutig in der Garageneinfahrt neben seinem Haus und überlegte, wie er den Nachmittag verbringen sollte.

In der Küche brühte er sich einen Kaffee auf, bereitete sich ein Butterbrot mit seinem Lieblingskäse, einem Camembert aus der Normandie, und beschloss, eines seiner bereits angefangenen Bücher weiterzulesen. Walter las gerne und viel. Lesen ist die Lieblingsbeschäftigung der Schwerhörigen.

Nach kurzer Zeit legte er die Lektüre wieder beiseite

und wandte sich seinem PC zu. Ein kleiner Lichtblick: Sein Freund Heiner hatte seine Mail beantwortet und einem Treffen für den nächsten Tag zugesagt. Susanne hatte ihm avisiert, dass sie gegen 19 Uhr nach Hause kommen würde, um sich umzuziehen, zu duschen und dann gemeinsam mit ihm zum Restaurant zu fahren.

Walter wunderte sich nicht, als Susanne mit zwanzigminütiger Verspätung erschien und dennoch keine Hektik zeigte. Sie war immer schon die Ruhe selbst.

»Schatz, du siehst gut aus«, begrüßte sie ihn mit einem Kuss. »Nur die Schuhe solltest du wechseln. Die neuen blauen sehen viel besser aus.«

»Wenn es für das Gelingen des Abends hilfreich ist ...« Walter ließ mit einem kapitulierenden Lächeln den Satz unvollendet und zog die blauen, weniger bequemen Schuhe an.

Keine zwanzig Minuten später stand Susanne abfahrbereit an seiner Seite. Einmal mehr war es Walter ein Rätsel, wie eine Frau in so kurzer Zeit ein perfektes Erscheinungsbild abgeben konnte. Sie trug ein Kostüm in frischen Farben und hatte ihre schulterlangen kupferroten Haare zu einem Pferdeschwanz zusammengebunden. Ihr dezentes Make-up unterstrich das feingliedrige Gesicht, aus dem zwei blaugraue Augen unternehmungslustig funkelten.

»Nimm den Schirm bitte mit«, bat sie. »Ich glaube, es nieselt wieder.«

Es dauerte zwei Sekunden, bis Walter realisierte,

dass er seinen Regenschirm bei Nicole vergessen hatte, wo er wahrscheinlich immer noch ihre Duschkabine zweckentfremdete. »Oh«, entgegnete er verlegen, »den habe ich heute im Fitnessstudio liegen gelassen.«

»Du hast mein Geburtstagsgeschenk vergessen!«, erwiderte sie erstaunt. »Dann müssen wir halt meinen nehmen.«

Walter kannte das Restaurant Milano, in dem die Feier stattfinden sollte, nur vom Hörensagen. Es sollte auch künftig nicht zu seinem Lieblingslokal werden. Zu sehr sprachen bereits die äußeren Bedingungen dagegen. Marmorverkleidete Wände umrahmten großformatige Glasfenster und die Tische und Stühle waren aus Hartholz. Von all diesen Flächen prallten die Töne ab wie Querschläger aus einem Schnellfeuergewehr. Zudem war das Restaurant gut besucht und hallte wider von dem Getöse der Gäste, den Rufen der Kellner, dem Geklapper von Geschirr und Besteck, die sich in unheilvoller Weise mit der völlig überflüssigen Hintergrundmusik vermischte.

Normalerweise achtete Walter in einer Runde von mehreren Personen auf seine Platzwahl. Auf seiner rechten tauben Seite, sollten möglichst wenige, auf der linken Seite, das Ohr mit einer Resthörfähigkeit, möglichst viele Teilnehmer sitzen. In diesem Falle aber, das war ihm sofort klar, gab es für ihn keinen strategisch vorteilhaften Platz, sie waren alle grottenschlecht. Er achtete nur darauf, dass Susanne links neben ihm saß.

Die Mitarbeiterinnen des Reisebüros waren Walter vertraut. Nicht aber ihre männlichen Begleiter. Susanne übernahm die Vorstellung der Personen, die sich nicht kannten. Walter konnte bei der Geräuschkulisse nur einzelne Wortfetzen auffangen und versuchen, sich aus der Gesichtsmimik der Gäste ein Bild zu machen.

Die auffälligste Person war Siegfried Hammacher, Ehemann von Susannes ältester Mitarbeiterin Elke. Dies hatte weniger mit einer charismatischen Ausstrahlung zu tun als mit seinem Leibesumfang. Es war nicht so, dass Walter dicke Leute nicht mochte. Nach seiner Meinung sollten die Leute rumlaufen, wie sie wollten. Er verstand nur nicht, wie sie es so weit kommen lassen konnten. Dafür musste man einen ziemlich zielstrebigen Charakter besitzen.

Der Dicke hielt Walter zur Begrüßung eine verschwitzte Hand hin. Ihre fünf Finger hatten die Form von kleinen, prall gefüllten Würsten und fühlten sich dennoch so schlaff an wie ein nasser Lappen. Walter widerstand dem Impuls, seine Hand sogleich an seiner Hose abzuwischen.

Sein künftiger Tischnachbar platzierte sich umständlich rechts neben ihn, als wäre er ein schwerfälliger Bär. Noch bevor sein Stuhl sitzwarm werden konnte, überzog er Walter mit einem Monolog, während die anderen Gäste noch mit Begrüßungsfloskeln beschäftigt waren.

Sich fatalistisch dem Sprechdurchfall der Plaudertasche ergebend, neigte er ihm den Kopf leicht zu und musterte die beiden anderen Partner von Susannes Mitarbeiterinnen. Altersmäßig standen sie, wie er, der Urne näher als dem Kreißsaal, trugen kurz geschnittene Bärte, wie er, und wirkten auf den ersten Blick ganz umgänglich.

Nach kurzer Zeit - die Essensbestellungen waren noch nicht aufgegeben - erreichte der Lärmpegel an dem Achtpersonentisch erste Höhepunkte. Für Walter hörte sich alles wie ein einziger Sprachbrei an. Einige der Teilnehmer mussten sich weit über den Tisch beugen, um die kreuzweise in verschiedene Richtungen laufende Unterhaltung verfolgen zu können. Walter hatte noch nicht herausgefunden, worüber der gesprächige Nachbar mit gleichbleibend unverständlicher Stimme referierte.

Sein eigener Körper war desinteressiert in sich zusammengesackt wie eine Marionette, deren Schnüre man durchtrennt hatte. Gelegentlich sah er den Dicken von der Seite an wie jemanden, den man für eine einzige große Verschwendung von Sauerstoff hält. Er hatte selbst nur ab und zu ein »Sowieso« gemurmelt. Eine Floskel, die er wie eine Marotte pflegte.

Susanne zischelte ihm etwas ins Ohr, was für ihn nicht mehr Sinn ergab, als wenn Luft durch das Ventil eines Autoreifens entweicht. Vermutlich sollte er sich mehr am Gespräch beteiligen und weniger Wein trinken. Es waren Bemerkungen, die Susanne in und nach ähnlichen Situationen wiederholt gemacht und mit der Frage verbunden hatte: »Warum hast du nicht nachgefragt?«, »Warum hast du deinen Gesprächspartner nicht gebeten, lauter zu sprechen?« und »Warum hast du nicht gesagt, dass du schwerhörig bist?«

Sie kannte seine Antworten genau: »Weil die passende Gelegenheit verstrichen war. Weil ich meinem Gesprächspartner nicht lästig werden wollte. Weil es mir peinlich war und verdammt noch mal, weil ich das Gesagte auch nach dem zweiten oder dritten Mal nicht verstanden hätte.«

Als im Verlauf des Abends die Hintergrundgeräusche im Restaurant schwächer wurden, besserte sich die Hörsituation für Walter kaum. Die anderen Menschen bestanden nur aus dunklen Klangwolken. Die Gespräche am Tisch wurden, befeuert durch den Weinkonsum, lauter und immer dann von schallendem Lachen unterbrochen, wenn jemand eine lustige Begebenheit erzählte. Jeder Schwerhörige hasst diese Situationen, in denen ein Witz erzählt wird, von dem er nichts mitbekommt. Häufig beginnen die Ersten bereits zu lachen, bevor der Witz zu Ende erzählt ist, oder die Stimme des Erzählers senkt sich zum Ende hin, um den Effekt zu steigern. Nachfragen ist dann unmöglich, weil der nächste Gag angesagt ist und der Adressat der Frage weiterhin zuhören möchte.

Vor zwei Jahren hatte Walter das letzte Mal mit Su-

sanne und Freunden ein Kabarett besucht. Nach der Vorstellung hatten alle Bauchweh vor Lachen. Er dagegen hatte nur einen platt gesessenen Hintern.
Gegen 23.15 Uhr wurde die Tischrunde aufgelöst und mit herbeigerufenen Taxis nach Hause gefahren. Susanne, obwohl von dem anregenden Abend noch aufgedreht, war ihm gegenüber wortkarg. Es war die Quittung für sein wenig umgängliches Verhalten an diesem Abend. Er kannte dies von vergleichbaren Ereignissen zuvor. Ihr Verständnis für seine Hörprobleme wurde begrenzt durch ihr Misstrauen, er würde sich zu wenig Mühe geben. Ein kuscheliger Einschlafsex in Löffelchenstellung würde es bestimmt nicht geben. Aber Schlafen würde er auch so können, zu anstrengend war der Abend. Ständig die Ohren zu spitzen, stets zu raten, was geredet wurde, ausweichend zu antworten, ohne etwas zu sagen, macht einen unleidlich, quengelig und müde. Zudem war der Wein, dem er ausgiebig zugesprochen hatte, ein verlässlicher Einschlafhelfer.

3. Vorfreude auf einen Segeltörn

Das Telefon schreckte Walter auf.

Es war um die Mittagszeit des nächsten Tages als er einen gleichermaßen unerwarteten wie erfreulichen Anruf erhielt, dessen Folgen sein Leben in den kommenden Wochen erschüttern sollte. Sein alter und langjähriger Schulfreund Michael Uckermann, zu dem lange kein Kontakt bestand, meldete sich. Es sollte das längste Telefonat werden, das Walter, der Ungerntelefonierer, in letzter Zeit geführt hatte.

Michael war vor vielen Jahren zu seiner großen Liebe Jana in die Schweiz an den Bodensee gezogen. Vom Glück geküsst gehörte er zu denjenigen, denen das Leben ihr ganzes Füllhorn schenkte. Als erfolgreicher freier Journalist führte er eine harmonische Ehe, aus der zwei Kinder hervorgingen. Vor zwei Monaten endete diese Idylle abrupt, als Jana an Leukämie verstarb.

Wenige Wochen vor Janas Tod war Walter Brinkmann im HNO-Klinikum der Universität Münster. Ihm wurde nach einem Hörsturz, der das entscheidende Ereignis war, vorzeitig aus dem Berufsleben auszutreten, das Cochlear Implantat eingesetzt. Dass diese Operation überhaupt stattfand, war alleine Susanne zu verdanken. Walter hasste Krankenhäuser. Der Geruch und fremden Personen ausgeliefert zu sein, verursachte ihm Übelkeit.

Susanne hatte Walter mit dem Argument: »Bei einem Hörsturz des anderen Ohres bist du komplett taub«, allerdings massiv unter Druck gesetzt.

Einer der Assistenzärzte in der HNO-Klinik trug den Namen Uckermann, was Walter veranlasste, ihn zu fragen, ob er in einer verwandtschaftlichen Beziehung zu seinem alten Schulkameraden Michael Uckermann stehen würde.

»Das ist mein Onkel«, hatte der junge Arzt geantwortet. »Er lebt in der Schweiz, ich habe ihn bei einer Familienfeier vor drei oder vier Jahren das letzte Mal gesehen.«

»Bestellen Sie schöne Grüße von mir, wenn Sie ihn wieder sehen«, hatte Walter gebeten und dieses kurze Gespräch fast schon vergessen.

Erst als sich der Anrufer an diesem Tag mit einem freundlichen »Grüezi, hier ist Michael Uckermann«, meldete, fiel es ihm wieder ein. Der Assistenzarzt Dr. Uckermann hatte bei der Beerdigung seiner Tante Jana seinem Onkel von der Begegnung mit Walter berichtet.

Das Telefonat der beiden alten Schulfreunde bot naturgemäß nur begrenzt Gelegenheit, sich über die jeweiligen beruflichen, gesundheitlichen und privaten Entwicklungen auszutauschen. Zu viel war in all den Jahren passiert, in denen sie keinen Kontakt zueinander hatten. Einen gewichtigen Anteil am Gespräch hatte der Tod von Michaels Frau Jana. Walter hatte sie einige wenige Male gesehen und sie als lebenslustige Person mit vielen Sommersprossen im Gedächtnis.

Die lange Gesprächsdauer war nur möglich, weil Michael eine für Walter wohlklingende Stimme und eine deutliche Aussprache hatte. Er verstand nur dann nicht, was Michael sagte, wenn sie beide gleichzeitig sprachen. Wie bei einem Walkie-Talkie musste er darauf achten, dass nur eine Stimme in der Leitung war, wie ansonsten im normalen direkten Gespräch auch.

»Es ist wirklich schade«, bedauerte Walter im weiteren Verlauf des Telefonats, »dass unser Gespräch wegen der räumlichen Distanz nicht mal eben bei einem Bier oder Glas Wein fortgesetzt werden kann.«

»Aber das ist doch keine Entfernung«, konterte Michael sofort. »Es gibt gute Intercityverbindungen und die herrliche Bodenseelandschaft ist die Mühe der Anreise ohnehin wert. Mir kommt da eine Idee«, fuhr er fort und der freudige Ton in Michaels Stimme deutete auf einen außergewöhnlichen Vorschlag hin. »Komm doch eine Woche zu mir und wir machen einen Segeltörn auf dem Bodensee. Das bringt Abwechslung in dein Rentnerleben und ich gewähre mir einen notwendigen Urlaub.« Er machte auch gleich einen Terminvorschlag: die erste Woche im April, also in drei Wochen.

»Das hört sich wirklich sehr gut an«, antwortete Walter spontan. »Ich will deinen Vorschlag nur vorher mit Susanne absprechen.«

›Michael hat recht‹, dachte Walter nach dem Telefonat euphorisch. ›Warum sollte ich sein Angebot nicht annehmen? Die Abwechslung wird mir guttun und ich komme aus meinem Trott heraus. Nicht umsonst ist Trottel ein Synonym für Ruheständler. Susanne hat bestimmt nichts dagegen und das Boot ist hundegeeignet. Kumba kann also mitkommen, Michael hatte selbst einmal einen Vierbeiner.‹

»Hoffentlich wirst du nicht seekrank«, sagte er gut gelaunt zu seiner Hündin, die dies als Startzeichen für den anstehenden Mittagsspaziergang verstand und unternehmungslustig aus ihrem Körbchen sprang.

Beim Abendessen – Walter hatte einen gemischten Salat mit Frikadellen zubereitet – erzählte er Susanne von Michaels Anruf und der überraschenden Einladung.

»Das hört sich ja fantastisch an«, erwiderte Susanne sofort. »Sage zu, auf mich brauchst du keine Rücksicht zu nehmen. Zu meinem Geburtstag bist du ja rechtzeitig zurück und bis dahin stehen ohnehin keine Treffen mit anderen Leuten an, die deinen umwerfenden Charme erfordern.«

»Apropos Treffen«, Walter nahm die Vorlage gerne auf, Susannes spitze Anmerkung zum gestrigen Abend zu returnieren. »Ich muss los zum Treffen mit Heiner. Wir sind ja auf ein Bier verabredet. Übrigens in einem Lokal, in dem man nicht nur seine eigenen, sondern auch die Worte des Nachbarn verstehen kann.«

∞

Heiner Blümer war ein ehemaliger Arbeitskollege von Walter, sowie sein wichtigster Freund und größtes Vorbild. Ein nicht unwesentlicher Grund für ihre Freundschaft beruhte auf dem Umstand, dass sie nicht so waren wie der jeweils andere. Die Liebe zum Wein und das Schachspiel gehörten zu den wenigen Gemeinsamkeiten. Beide würden ihre Persönlichkeit ungern tauschen, gleichwohl schätzte jeder den anderen zuweilen mehr als sich selbst. Eine gute Basis für eine belastbare Freundschaft.

Heiner wurde mit Sakko und Fliege geboren. Er trug sie ständig, was auch den Schwerfälligsten erkennen ließ, dass sie für ihn mehr waren als bloße Kleidungsstücke. Sie waren das Korsett seiner Persönlichkeit. Weil ihm diese Kleidungsstücke gut standen und er sie sorgfältig kombinierte, dauerte es seine Zeit, bis die richtige Auswahl getroffen war. Er kam daher zu Verabredungen meist etwas zu spät.

Ein Feld, auf dem Heiner Walter den Rang ablief, war die Ausstrahlung auf das weibliche Geschlecht. Alle bei Kleinfeld & Körner beschäftigten Frauen ohne festen Partner himmelten ihn an und die, die einen hatten, taten es auch. Es war ihm immer gelungen, seine Affären unter der Decke zu halten und negative Auswirkungen auf sein Arbeits- und Privatleben zu vermeiden.

Der bodenständige Walter hatte den smarten weltgewandten Heiner vor über fünfzehn Jahren in der Bank kennengelernt, nachdem dieser von der Londoner City in die Provinz nach Münster gezogen war. Sie waren sich, trotz der unterschiedlichen Charaktere, von Beginn an sympathisch, obwohl der berufliche Kontakt gering war. Heiner war für einige von der Bank aufgelegte Aktienfonds verantwortlich. Mit einem kleinen Expertenteam analysierte er fortlaufend die wirtschaftlichen und politischen Nachrichten in der Welt, bewertete sie hinsichtlich ihres Einflusses auf ganze Volkswirtschaften oder einzelne Unternehmen und kaufte oder verkaufte dementsprechend Anteile der betroffenen Firmen. Um zu fundierten Entscheidungsgrundlagen zu kommen, arbeiten Fondsmanager mit komplexen mathematischen Modellen und einem gehörigen Schuss Intuition. Erwirtschaften sie eine über dem Marktdurchschnitt liegende Performance, feiern sie dies gerne als persönlichen Erfolg. Bleibt dieser aus, dann lag dies an unvorhersehbaren Sonderfaktoren.

Walter war dieses übertriebene Selbstbewusstsein der Fondsmanager ein Dorn im Auge und häufig Anlass für kontroverse Diskussionen mit Heiner gewesen. Für Walter war die Entwicklung eines Aktienfonds einfacher zu erklären und im Wesentlichen auf drei Faktoren zurückzuführen: Glück, Pech und Zufall.

Als Walter sich zu Fuß auf die kurze Wegstrecke zur Gaststätte Dorweiler machte, freute er sich auf ein frisches Pils und eine anregende Unterhaltung mit Heiner. Der Volksmund sagt: ›Bei Blindheit schließt man sich von Dingen aus, bei Taubheit von den Menschen‹. Dies traf auch auf Walter zu. Dennoch hielt er sich im kleinen Kreis und bei guten akustischen Verhältnissen durchaus für einen geselligen Typ. Es störte ihn nur, mit Männern zu diskutieren, die anderer Meinung waren – er nannte sie dann gerne insgeheim partiell bekloppt – und es störte ihn noch mehr, mit Frauen zu diskutieren, weil sie häufig ihre Ansichten wechselten.

Heiner war für ihn eine Ausnahme und das Dorweiler war für solche Zusammenkünfte sein Lieblingslokal. Mit ihren abgenutzten holzverkleideten Wänden, den zerkratzten Tischen und wackeligen Stühlen auf groben Dielenbrettern atmete es den Geist einer heruntergekommenen Eckkneipe aus. Der Geruch von altem Bier und Zigarettenrauch hing schwer in der Luft. Die überschaubare Speisekarte in einem klebrigen Plastikeinband hatte es nicht leicht, selbst Heißhungrige zu einer Bestellung zu überreden. Eine Hintergrundbeschallung fehlte vollends. Alle diese für jedes Lokal schrägen Eigenschaften führten zu einem verhaltenen Gästeandrang. Genau das, was Walter sich wünschte und Heiner großzügig tolerierte. Ein ruhiger Ort, wie geschaffen für einen Schwerhörigen, der bei einem kühlen Bier eine gepflegte Unterhaltung führen will.

Der Wirt grüßte Walter beim Betreten der Kneipe eilfertig in der berechtigten Erwartung, einen großherzigen Trinkgeldgeber bedienen zu dürfen. Er kannte die Gewohnheiten seines Gastes, zapfte sogleich Bier und stellte dieses zusammen mit einer Flasche Grappa auf den Tisch. Nur einzelne bejahrte männliche Gäste, offenbar dem Mobiliar zugehörig, hockten an den Tischen, übten sich in der Kunst der Langeweile, leisteten ihrem Bier Gesellschaft oder ertränkten ihre Sorgen darin.

Walter entschied sich für einen Tisch am Fenster, durch das er Heiner – nach der für ihn typischen Verspätung – auf den Eingang zueilen sah. Die beiden Freunde herzten sich zur Begrüßung, an der sich auch Walters Hörgerät als Ausdruck seiner ganz persönlichen Note mit einem Pfeifton beteiligte. Diese Begleitmusik trat immer dann ein, wenn das Ohrpassstück nicht ganz dicht saß, sodass Luft einströmte, was zu einem Rückkopplungseffekt führte. Das im Hörgerät verstärkte Signal gelangte wieder ins Mikrofon und wurde dort erneut verstärkt – es pfiff.

»Was macht das Rentnerdasein?«, fragte Heiner mit gespielt unschuldiger Miene, um Walter aufzuziehen.

»Nur keinen Neidanfall«, versuchte Walter zu kontern. »Ich gehe all den Freizeitbeschäftigungen nach, von denen du nur träumen kannst.«

»Du machst mich neugierig.« Heiner prostete seinem Gegenüber mit dem frisch gezapften Bier zu, schaute ihn erwartungsvoll an und fragte: »Welche denn?«

»Demnächst mache ich einen Segeltörn mit meinem alten Freund Michael Uckermann und ich denke, einen Weg gefunden zu haben, meinen Urlaubstraum, die große Frankreichrundfahrt mit Susanne, doch zu realisieren.«

Walter erklärte seinen Plan, in den Frankreichurlaub ein Wellnesshotel zu integrieren und die Sprachkenntnisse durch einen Französischkurs aufzuhübschen. Dabei erzählte er Heiner auch von dem seltsamen Verhalten der Sprachlehrerin und seiner Überlegung, den Kurs nach der Probestunde zu beenden.

Heiner schüttelte verständnislos den Kopf, als er Walters Vorbehalte hörte. »Wichtig ist doch, dass du sie akustisch gut verstehst und die Kurszeiten deinen Vorstellungen entgegenkommen. Wenn sie darüber hinaus hübsch ausschaut und sich etwas frivol gibt, macht das den Unterricht doch noch spannender. Wirklich, Walter, deine Probleme möchte ich haben.«

Heiner konnte dies leider aus vollem Herzen sagen. Er hatte Probleme, große sogar. Die von Kleinfeld & Körner herausgegebenen Aktienfonds, die er maßgeblich managte, lagen in ihrer Performance unter dem Marktdurchschnitt.

»Der Schlüssel zum Erfolg sind Marktinformationen und deren richtige Bewertung«, fuhr Heiner mit bekümmerter Stimme fort. »Das ist für uns die einzige Ware von wirklichem Wert. Und da lagen wir bei einigen Investments ziemlich daneben. Du kennst die Grundreal AG, einer der größten Immobilieneigentümer in Berlin mit Tausenden von Wohnobjekten. Wir waren dort für unsere Verhältnisse leider hoch engagiert und lagen unter unserem Einstandskurs. Als durchsickerte, dass der Berliner Senat plant, die Mietpreise zu deckeln, befürchteten wir einen weiteren Kursverfall und haben schnell verkauft.«

»Also habt ihr einen kleinen Verlust realisiert, um einen größeren zu vermeiden?«, warf Walter ein.

Heiner seufzte. »Unser Plan war wesentlich ambitionierter. In der Erwartung, dass der Kurs der Grundreal AG durch die Mietpreisdeckelung noch weiter sinkt, haben wir nicht nur unseren Bestand verkauft, sondern auch Leerverkäufe getätigt. Wäre dies aufgegangen, hätten wir bei der Grundreal sogar einen Gewinn realisiert.«

Walter wusste, auf was für ein riskantes Spiel sich Heiner eingelassen hatte. Er hatte sich, vereinfacht ausgedrückt, Grundreal-Aktien geliehen und diese in der Erwartung verkauft, sie zu einem späteren Zeitpunkt zu einem niedrigeren Kurs zurückzuerwerben, um sie dem Verleiher zurückzugeben. Die Kursdifferenz wäre sein Gewinn gewesen. Da der Kurs der Grundrealaktie jedoch nicht gesunken ist, sondern im Gegenteil anzog, hatte Kleinkörner nicht nur einen kleinen Verlust, auch nicht einen großen, sondern einen riesengroßen Verlust.

Walter nickte zwar mitfühlend, verstand den Sachverhalt dennoch nicht. »Aber, Heiner«, fragte er, »warum ist denn der Kurs der Grundreal-Aktie nicht wie erwartet gesunken?«

Heiner nahm einen tiefen Schluck aus seinem Bierglas und schaute den verdutzten Walter bitter grinsend an. »Der Aktienkurs wurde ausgesetzt, weil die Firma Insolvenz anmeldete. So weit, so gut, das hatten wir sogar erhofft. Dann aber veröffentlichte der Senat ein attraktives finanzielles Unterstützungsprogramm für die Mieter, die von ihnen genutzte Wohnung zu kaufen. Dies fand an der Börse eine positive Resonanz, sodass der Aktienkurs der insolventen Grundreal nach Wiederaufnahme der Notierung deutlich anzog.«

»Und ihr gezwungen wart, die Aktien zu einem hohen Preis zurückzukaufen, die ihr zuvor zu einem niedrigeren Preis verkauft habt«, vervollständigte Walter den Ablauf dieser völlig misslungenen Spekulation.

Dieser Reinfall belastete den von Heiner gemanagten Fonds und die privaten Anleger wandten sich ab, was rückläufige Gebühreneinnahmen für die Bank bedeuteten. Da Heiners Gehalt erfolgsabhängig war, traf ihn dies hart. Heiner wusste, dass er nur begrenzt auf Mitleid von Walter hoffen konnte, der die Bezahlung selbstherrlicher Fondsmanager für überzogen hielt, ihre Arbeitsweise für ineffektiv und ihr Ansehen in der Finanzwelt für übertrieben.

»Es knirscht bei uns gewaltig im Gebälk, die Ertragskurve geht steil auf Senkrecht und ich stehe mächtig unter Druck«, fuhr Heiner fort und auf seiner Stirn bildeten sich tiefe Sorgenfalten. »Kleinkörner«, wie die Bank intern genannt wurde, »schreibt aktuell tiefrote Zahlen. Bei einem schwachen Marktumfeld werden von mir zwar keine Gewinne gefordert, aber die Verluste dürfen nicht höher als bei den Wettbewerbern sein.«

Walter nickte mit ernstem Gesicht. »Ich habe die Ergebnisse deiner Fonds verfolgt. Zum Glück habe ich mein Geld anders angelegt.« Walter konnte sich ein Grienen nicht verkneifen. »Du solltest mehr meine Anlagestrategie berücksichtigen.«

»Ich weiß«, antwortete Heiner und trank seinen Grappa in einem Zug, »du bist da völlig anderer Meinung. Aber das würde dem Selbstverständnis eines Fondsmanagers zuwiderlaufen. Und«, fügte er mit bitterer Miene hinzu, »ich würde meinen Job überflüssig machen.«

Dies wäre nach Walters Meinung auch gar nicht die schlechteste Idee. Nach seiner Überzeugung war Fondsmanager ohnehin kein Beruf, sondern ein Charakterfehler und stand bei ihm auf einer Stufe mit Hütchenspieler, Gebrauchtwagenhändler und Immobilienmakler.

»Sozusagen«, stimmte Walter knapp zu. Als er Heiners mürrische Reaktion bemerkte, griff er zur Grappaflasche und meinte versöhnlich: »Komm, Heiner, Prost, der Klügere kippt nach«, um mit seiner Vorliebe für abgewandelte Aphorismen einen versöhnlichen Abschluss dieses Themas zu finden.

Heiner wusste aus zahlreichen Diskussionen mit Walter sehr wohl, was dieser mit ›seiner Anlagestrategie‹ meinte. Nämlich auf den Versuch zu verzichten, die wechselseitigen Launen des Aktienmarktes vorauszusehen. Vereinfacht gesagt ist dies aber genau die Aufgabe eines Fondsmanagers: Mit komplizierten Instrumenten, auf die hier nicht näher eingegangen wird, sollen zukunftsbezogen sowohl die ertragsstarken wie auch die ertragsschwachen Firmen herausgefiltert werden, um die erstgenannten zu kaufen und die letztgenannten abzustoßen. Damit, so das Credo der Fondsbranche, werden bei erfolgreicher Arbeit über dem Marktdurchschnitt liegende Renditen erzielt und die nicht unbeträchtlichen Fondsgebühren gerechtfertigt.

Dies wird von guten Fondsmanagern auch durchaus gelegentlich geleistet, allerdings nur, wenn der Vergleichszeitraum eng genug begrenzt wird. Langfristig ist das aber noch keinem gelungen. Das ist wie Angeln im Trockenbecken. Es kommt nichts dabei heraus. Niemand, wirklich niemand ist in der Lage, die Finanzmärkte vorherzusehen. Das Letzte, was Fondsmanager in diesem Zusammenhang tun würden, ist, dies ihrer andächtig auf sie heraufschauenden, gleichermaßen vermögenden wie unbedarften Kundschaft zu verraten.

Walter bevorzugt für seine eigene Geldanlage eine sogenannte passive Anlagestrategie. Er versucht im übertragenen Sinne gar nicht die Nadel im Heu zu finden, sondern er kauft gleich einen Teil des gesamten Heuhaufens. Konkret bedeutet dies, dass er Anteile an einem Index, wie dem Deutschen Aktienindex, kurz DAX genannt, erwirbt und damit sowohl an den künftigen Gewinnern wie auch Verlierern beteiligt ist.

Bei einem negativen Marktumfeld sind auch bei dieser passiven Anlageform Verluste nicht zu vermeiden. Langfristig ist sie den traditionellen Fonds jedoch überlegen. Sie wird zwar ebenfalls von Banken angeboten, erfordert jedoch kein aktives Handeln eines Fondsmanagers mit der Möglichkeit, zur Erhöhung der Bankgewinne die Kundschaft mit Gebühren zu belasten.

Walter griff den Gesprächsfaden auf, dass Heiner seinen Job verlieren würde, wenn Kleinkörner ausschließlich Walters Anlagestrategie verfolgen würde. »Alles hat seine Vorteile. Dann gehst du wie ich vorzeitig in den Ruhestand und wir können mit meinem alten Schulfreund Michael zusammen ausgiebige Segeltörns machen.«

Heiner schmunzelte verkniffen. »Dann sind wir sozusagen drei Mann in einem Boot.«

4. Wie alles begann

Es wird häufig erst spät erkannt.

Wenn sich etwas nur langsam genug im Leben eines Menschen entwickelt, wird es vielfach kaum wahrgenommen. Brillenträger kennen dieses Problem. Viele von ihnen bekamen ihre Sehhilfe erst, nachdem ein kleines Unglück oder ein Malheur passierte, was durch gutes Sehen hätte vermieden werden können. Und die Welt sieht dann plötzlich völlig anders aus. Bei Menschen mit einem schleichenden Hörverlust ist es noch schwieriger, das Hörproblem rechtzeitig zu identifizieren. Oftmals empfinden die Betroffenen in der Anfangsphase gar keine Beeinträchtigung bei der Kommunikation mit anderen Menschen, obwohl diese objektiv besteht. Sie wissen einfach nicht, was gutes Hören ist. Ein Nachfragen »Was hast du gesagt?« halten sie für normal. In vielen Fällen wird der Grund für das schlechte Hören auch auf die Mitmenschen abgewälzt, die zu leise und zu undeutlich reden.

Genau diese Erfahrung hatte der hoch aufgeschossene Walter in seiner Kindheit und Jugendzeit gemacht, zumal seine gleichaltrigen Freunde sich einen halben Meter näher am Erdboden bewegten. Sein anfängliches Hördefizit war weder ihm, dem Einzelkind, noch seiner Mutter und dem früh verstorbenen Vater bewusst geworden. Die daraus entstandenen Missverständnisse wurden mit mangelnder Aufmerksamkeit, mit Desinteresse oder sogar mit intellektuellen Defiziten erklärt. So waren seine schulischen Leistungen gerade mal mittelmäßig. Insbesondere in Fächern, in denen eine mündliche Beteiligung im Klassenzimmer wichtig war, schnitt der kleine Walter schlecht ab. So auch bei Deutschdiktaten, während er bei Aufsätzen zu den Klassenbesten gehörte.

Dem erwachsenen Walter wurden seine frühen Hörprobleme so richtig erst vor zwei Jahren bewusst, als seine allein lebende Mutter nach einem Schlaganfall starb und er ihr Häuschen am Stadtrand für den Verkauf aufbereiten musste. Viele Male suchte er das leere Haus auf. Zahlreiche Haushaltsgegenstände waren zu sichten, zu entsorgen, auf dem Trödelmarkt zu veräußern oder in den eigenen Bestand zu übernehmen. Auf dem Dachboden fand er seinen alten Plattenspieler, den er als Dreizehnjähriger zu Weihnachten geschenkt bekommen hatte. Sogar einige Schallplatten der Beatles in ausgeblichenen und abgewetzten Hüllen waren noch vorhanden. Als er seinen damaligen Lieblingssong *Yesterday* auflegte, sich die Nadel in die Plattenrillen senkte und nach einem Knistern und Rauschen wie aus ferner Zeit die Musik aus dem Lautsprecher erklang, wurde er wehmütig. Er hörte die Stimme seiner Mutter, die ihn sanft tadelte, wenn er dieses Lied viel zu laut abgespielt hatte. Sie stand Zeit ihres Lebens im Schatten seines strengen und humorlosen Vaters. Er war durch die Teilnahme am Russlandfeldzug im Zweiten Weltkrieg an Leib und Seele vernarbt und hatte laute Musik mit deutlichen Worten unterbunden. Und noch etwas entdeckte er, was er längst vergessen hatte: Schulhefte aus seiner Grundschulzeit mit Diktaten und Aufsätzen. Beim Blättern in den leicht vergilbten Seiten erkannte er seine ungelenke Kinderschrift und mit rechthaberischem Rotstift die Anmerkungen seiner Klassenlehrerin Frau Korte. Wenn er zum Beispiel gehört und geschrieben hatte: ›Er kränkte sein Pferd und band es an einen Block‹ lautete die Korrektur: ›Er tränkte sein Pferd und band es an einen Pflock.‹ Oder: ›In der Stadt waren häufig ambulante Pendler‹, korrigiert in: ›ambulante Händler‹. Und noch ein drittes Beispiel: ›Die Flucht der Ziege konnte behindert werden‹, statt: ›Die Flucht der Diebe konnte verhindert werden.‹ Bei schlechten Zensuren mussten die Eltern die Klassenarbeit gegenzeichnen. Er erkannte die formschöne Unterschrift seiner Mutter, die sie zeitlebens beibehalten hatte. Weder seine Eltern noch seine Klassenlehrerin waren auf die Idee gekommen, dass die Diktatfehler auf Verwechslung durch mangelndes Hörvermögen beruhten.

Während des Studiums verschlechterte sich sein Hören, wenn auch nur geringfügig. Unbewusst baute Walter sich einen Freundeskreis auf, der laut und deutlich sprach und mied Geselligkeiten in großer Runde. Als er ins Berufsleben eintrat, konnte er sich seine Kollegen nicht aussuchen. Einige von ihnen sprachen leise oder nuschelten. Bei Nichtverstehen eher mit einem Ja oder Nein zu antworten ist Einstellungssache und hängt davon ab, ob man zum neugierigen Optimisten oder vorsichtigen Pessimisten neigt.

Walter wählte einen Kompromiss. Beim Zuhören ab und zu ein »Mhm« von sich geben, lässt offen, ob es sich eher um eine Zustimmung oder um eine nachdenkliche Bemerkung handelt. Geht die Stimme des Gesprächspartners nach oben, so ist innerhalb von Sekundenbruchteilen höchste Konzentration gefragt. Offensichtlich wurde eine Frage gestellt, die eine Reaktion erfordert. Es wird dann, im Sinne eines routinierten Diplomaten, mit viel Worten nichtssagend geantwortet. Eine Zeit lang ging das mehr schlecht als recht gut. Bei Walter wuchs zwar die Einsicht, etwas gegen seine Hörschwäche - oder war es schon eine Schwerhörigkeit? - zu tun. Mit einem Hörgerät tat er sich jedoch schwer. Für ihn und für viele andere war ein Hörgerät mit Versagen und Unvermögen verbunden und es symbolisierte das Altsein. »Hörgerät ist kurz vor Rollator«, hatte er mal gehört. Die niederdeutsche Entsprechung von ›taub‹ ist nicht zufällig ›doof‹? Und er sollte für alle sichtbar ein Hörgerät am Kopf tragen, damit jeder über seinen geistigen Horizont informiert war?

Es brauchte einige Missgeschicke mit Kollegen und Vorgesetzten, um Walter umzustimmen. Mal hatte er nicht mitbekommen, dass ihm Aufgaben zugewiesen waren, und war erstaunt, als man Ergebnisse erwartete, mal hatte er Informationen falsch verarbeitet, was zu Verärgerungen führte. Gelegentlich fiel er auch Gesprächspartnern ins Wort, weil er nicht gleich gemerkt hatte, dass sie schon zu sprechen begonnen hatten.

Es war für Walter eine große Überwindung, einen Hörakustiker aufzusuchen. Es folgten Hörtests, Audiogramme wurden erstellt und verschiedene Geräte zur Auswahl vorgelegt. Walter wählte im Vorgriff auf seine sich ankündigenden graue Haare zwei mausgraue Exemplare, eines für jedes Ohr, hinter denen sich künftig seine Brillenbügel mit einem eingeschränkten Platzangebot abfinden mussten.

»Ich stelle die Geräte erst einmal auf einer niedrigen Stufe ein«, hatte der Akustiker in Vorahnung dessen gesagt, was dann kam. Walter setzte die Hörhilfen ins Ohr und vernahm in der optimierten Hörsituation des Hörstudios die Stimme des Akustikers gleichermaßen lauter und fremder als zuvor. »Wichtig ist«, hatte der Akustiker ihm mit auf den Weg gegeben, »dass Sie die Geräte möglichst immer tragen. Ihr Hörnerv hat über einen langen Zeitraum nur eingeschränkte Reize empfunden. Die ungehörten Töne und Geräusche sind in Vergessenheit geraten und müssen erst wieder erlernt werden. Je häufiger Sie diesen Lernprozess unterbrechen, desto länger dauert es, bis Sie sich an die Geräte gewöhnt haben.«

Als Walter das Hörstudio verließ und in die belebte Benderstraße trat, wurde ihm brutal bewusst, was der

Hörakustiker mit ›vergessenen Reizen‹ meinte. Es war ein Eintauchen in eine andere Welt, die ihn mit einem akustischen Überfall verschreckte. Brüllende Automotoren, die mit heulenden Mopeds wetteiferten, ließen ihn ruckartig zur Seite oder nach hinten schauen, als würden sie geradewegs auf ihn zurasen. Die überlauten Rufe der Passanten und das Kreischen von Kindern verunsicherten ihn zusätzlich. Es war unerträglich.

Hastig nahm er die Hörhilfen aus seinen Ohren. Er würde sie zu Hause in der gewohnten Umgebung ausprobieren und sich an seine neuen Begleiter allmählich gewöhnen. Aber auch in der eigenen Wohnung hörte er ungewohnte Geräusche ohne Namen, die er zuvor nie wahrgenommen hatte und von denen er nicht wusste, woher sie kamen. Die ihm bekannten Töne klangen nicht mehr sanft und unaufdringlich, sondern verzerrt und unangenehm. Es war reiner Stress für ihn.

Als Susanne von der Arbeit nach Hause kam, bat er sie als Erstes, leiser zu sprechen und beim anschließenden Zubereiten des Abendessens knisterte und knallte das Fleisch in der Pfanne, als würde dort ein Scharmützel stattfinden.

Walter gewöhnte sich nur langsam an die Fremdkörper in und hinter seinen Ohren. Es war für ihn ein kaum zu ertragendes Gefühl, die beiden Ohrpassstücke, die fest in seine Gehörgänge gedrückt wurden, zu spüren. Die Haut im Gehörgang ist wesentlich dünner als unsere sonstige Haut und zudem mit zahlreichen sensiblen Nerven ausgestattet. Daher verursacht eine Entzündung oder ein Wundscheuern schnell starke Schmerzen. Schon leichte Berührungen werden sofort registriert, um das sensible Ohr vor Fremdkörpern zu schützen. Aus optischen Gründen ließ Walter sich die Kopfhaare etwas länger wachsen, damit nicht jeder sogleich sein Handicap erkennen konnte.

Die weiter anhaltende schleichende Verschlechterung seines Hörvermögens wurde im Laufe der Zeit zum Teil durch leistungsfähigere Hörgeräte ausgeglichen. Dennoch, auch wenn die Hersteller dieser Ersatzohren mit immer neuen Superlativen und Versprechungen daherkamen, sie boten nicht das, was Walter von ihnen erwartete. Sie halfen zwar in vielen Situationen, aber sie störten auch oftmals, weil sie Nebengeräusche, die ein gesundes Ohr unterdrückt oder nicht beachtet, mitverstärkten.

Wie empfindlich Walters moderne Hörgeräte eingestellt waren, konnte er an einem Sonntagnachmittag seinen Besuchern Heiner und seiner Frau Erika beim gemeinsamen Kaffeetrinken demonstrieren. Wenn er mit seiner Gabel durch die Sahne auf seiner Apfeltorte glitt, vernahm er ein sanftes Geräusch, was die anderen nicht hörten. Gutes Hören ist aber nicht nur von der Lautstärke abhängig. Viele Normalhörende gehen davon aus, dass man zu einem Schwerhörigen nur laut genug sprechen muss. Zum Hören von Sprache gehört aber auch das Differenzieren. Wenn ein Schwerhöriger zum Beispiel die Wörter Mund, Bund, Hund nicht unterscheiden kann, so liegt das nicht an der Lautstärke. Für Walter klangen diese Wörter gleich.

Es geschah an einem Freitagmorgen im Juli des vergangenen Jahres. Walter war mit seiner Morgentoilette fertig, setzte sich die Hörgeräte ein und stutzte. Auf dem rechten Ohr hörte er nichts. Er wechselte die Batterie und versuchte es erneut. Nein, er hörte immer noch nichts. War der Gehörgang vielleicht mit Ohrschmalz verstopft?

Direkt nach dem Frühstück fuhr er zu seinem HNO-Arzt. Der Blick durch ein Otoskop zeigte keine Auffälligkeiten. Der Arzt diagnostizierte vielmehr einen ausgewachsenen Hörsturz. Die Behandlung mit Spritzen blieb erfolglos. Walter musste sich an den Gedanken gewöhnen, auf dem rechten Ohr völlig taub zu sein und mit dem linken Ohr nur noch vierzig Prozent Hörvermögen zu besitzen. Es war für ihn eine bittere Erkenntnis und ein schwerer Einschnitt für sein Berufsleben.

Kleinfeld & Körner hatte zu dieser Zeit ein Kosteneinsparungsmodell aufgelegt und verkleinerte die Belegschaft. Walter entschied sich schweren Herzens, dieses Programm in Anspruch zu nehmen und mit siebenundfünfzig Jahren in den vorzeitigen Ruhestand zu treten. Wie bereits an anderer Stelle erwähnt, war es Susanne, die ihn drängte, die technischen Möglichkeiten zur teilweisen Wiedererlangung des Hörvermögens zu nutzen.

Vier Monate nach seinem rechtsseitigen Hörsturz wurde ihm ein Cochlear Implantat, kurz CI, eingesetzt. Die Operation verlief erfolgreich. Äußerlich war hinter der Ohrmuschel nur eine Narbe zu sehen, die aussah wie eine gerissene Hose, die jemand wieder geflickt hatte. Deutlich auffälliger zeigte sich der am Kopf über dem Ohr haftende Spulenmagnet des CI. Ein rundes plastikummanteltes Teil, etwas größer und dicker als eine 2-Euro-Münze. Es war per Kabel mit dem Soundprozessor, der mit einem Ohrhaken hinter dem Ohr getragen wird, verbunden. Walter war es Monate später noch unangenehm, wenn er an der Supermarktkasse stand und jemand machte sich, seine rechte Kopfseite musternd, Gedanken über den eigenartigen Kopfhörer, den er dort sah. Wie konnte er funktionieren, so freischwebend am Kopf, ohne dass er überhaupt ins Ohr ging?

Das CI mit seinem sozusagen elektrischen Hören hatte einen weiteren Nachteil. Der Klang war unvollständig, verschoben und künstlich. Er hatte tatsächlich das Gefühl, als wenn sein Innenohr leicht unter Strom stehen würde. Musik, die universelle Sprache jenseits der Worte zu hören, war eher eine Qual als ein Genuss. Walter empfand dies intensiver, als es anfangs bei den Hörgeräten der Fall war. Das Hören mit dem CI musste neu erlernt werden. Er haderte zwar nicht mit seinem Schicksal, aber manchmal gingen ihm seelenwund Gedanken durch den Kopf, was aus ihm wohl mit normalen Ohren geworden wäre, um wie viel leichter sich sein berufliches und privates Leben entwickelt und wie viel einfacher es seine direkte flotthörige Umgebung, allen voran Susanne, mit ihm hätte. Es gab sogar Tage, da dachte er, es wäre leichter, völlig taub zu sein. Die Schwerhörigkeit war für ihn eine Zwitterstellung, weder Fisch noch Fleisch. Als Tauber bräuchte er sich nicht so anzustrengen und diese akustischen Turnübungen zu machen. Dann wäre die Situation klar.

Erst langsam gewann er zu seinen Ersatzohren eine neue Einstellung: Schwerhörigkeit hört sich zwar wie eine starke Beeinträchtigung an, ist aber tatsächlich dank der Technik als Vorteil zu sehen. Taubheit wäre die Alternative.

5. Französischkurs II

Walter hatte sich entschieden.

Er wollte den Französischkurs fortsetzen. Heiners Einwand war völlig richtig. Das Verhalten von Nicole konnte nun wirklich kein Grund sein, den Kurs abzubrechen. Und wenn er ehrlich zu sich selbst war, empfand er Nicole als attraktiv und ihre Nähe erotisierend. Noch wichtiger waren ihm die günstigen akustischen Bedingungen des Unterrichts. Außerdem würde er sein Geburtstagsgeschenk, den vergessenen Regenschirm, wiederbekommen. Mit diesem Entschluss machte er sich am folgenden Dienstag auf den Weg zu Nicole. Der Unterricht würde in dieser 2. Kursstunde erst richtig losgehen. Hierzu hatte er ein von ihr empfohlenes Unterrichtsbuch gekauft, welches er zusammen mit einem Schreibblock und Kugelschreiber in seiner Aktentasche mitführte. Die Kursgebühr von 684 Euro für die ersten drei Monate hatte er am Tage zuvor online überwiesen. Im Gegensatz zu seinem ersten Besuch war es trocken und deutlich wärmer.

Nicole empfing ihn mit einer typisch französischen Begrüßung: »Mon cher ami, jetzt mache ich dich fit für Frankreich«, sagte sie freundlich und hauchte ihm drei Küsse wechselseitig auf die Wangen.

Benommen von ihrem Parfum, einer Mischung aus Vanille und Moschus, nahm er ihre Erscheinung wahr.

Die dunklen Haare trug sie als Pferdeschwanz in der Art, wie es auch Susanne zu tun pflegte. Der hochgeschlossene Pullover vermittelte eine gewisse Strenge in ihrem Äußeren, was durch den kurzen Rock aufgelockert wurde, den sie auch beim ersten Treffen getragen hatte. Die langen strumpflosen Beine steckten in halbhohen Pumps.

Sie bot ihm denselben Sitzplatz an wie in der Sitzung zuvor. Sie selbst setzte sich, getrennt durch den niedrigen Tisch, ihm direkt gegenüber. Nicole erklärte Walter, wie sie sich den Kursablauf vorstellte. Sie würde vornehmlich französisch sprechen und nur gelegentlich Erläuterungen in Deutsch machen. Als Hilfsmittel waren das von ihr empfohlene Buch und eine Loseblattsammlung für Hausaufgaben vorgesehen.

»Veux-tu un café? Darf ich dir auch einen Kaffee machen?«, fragte sie. »Ich würde jedenfalls gerne einen trinken.« Ihre Stimme besaß nichts von der Arroganz, die er beim ersten Treffen in unangenehmer Weise bemerkt hatte, sie kam ihm fast unterwürfig vor. Ohne die Antwort abzuwarten, stand sie auf, ging zu der kleinen Küchenzeile und bediente unter seinen aufmerksamen Blicken mit wenigen Handgriffen den dort wartenden Kaffeeautomaten. Die Bezeichnung Kaffeeautomat war allerdings maßlos untertrieben. Es wirkte auf Walter vielmehr wie ein chromglänzendes Raumschiff und stand im krassen Gegensatz zu der spartanischen Möblierung.

„Was magst du denn am liebsten?“, duzte sie Walter ungeniert. „Ich kann dir Americano, Caffè Latte, Latte macchiato oder Doppio anbieten. Oder magst du lieber einen Lungo?“, fragte sie nicht ohne Stolz.

„Einen ganz normalen Kaffee bitte, wenn dieses Gerät dazu in der Lage ist“, antwortete Walter verunsichert, der so viel Ahnung von den Kaffeesorten hatte wie ein Tauber von Musik.

Graziös balancierte Nicole auf einem kleinen Tablett zwei gefüllte Kaffeetassen sowie Milch und Zucker, stellte alles mittig auf den niedrigen Tisch und setzte sich auf ihren Platz.

»Bediene dich, aber attention, sehr heiß«, forderte sie ihn auf, nahm eine der Tassen in die Hände und wechselte die Stellung ihrer übereinandergeschlagenen Beine. Dem vor ihr sitzenden Walter stockte der Atem. Er verschüttete etwas Kaffee, der hilfsbereit von der Untertasse aufgefangen wurde, und schaute sie mit einer Mischung aus Verlegenheit und Erstaunen an. Er merkte, dass er rot anlief. Hatte er richtig gesehen? So etwas gibt es doch nur im Film. Ihm schoss die Schauspielerin Sharon Stone in den Kopf, die in ›Basic Instinct‹ in ähnlicher Weise durch eine Veränderung ihrer Beinstellung Einblicke in ihren intimsten Bereich gewährt hatte. Nicoles Gesicht zeigte keinerlei Reaktion, gleichwohl musste sie Walters Verwirrung bemerkt haben. Sachlich und konzentriert führte sie die Unterrichtsstunde, während Walter etwas abgelenkt wirkte.

Als Walter Nicoles Wohnung nach Beendigung der Doppelstunde nicht ohne seinen Regenschirm verließ, war er sich nicht sicher, wie er das eingangs Erlebte einordnen sollte. Was bezweckte sie mit ihren aufreizenden Einlagen? Was würde ihn noch erwarten? Er stand vor der gleichen Frage, die ihn nach der ersten Kursstunde bewegte. Sollte er den Unterricht fortsetzen oder doch abbrechen? Ihm ging es, so sagte er sich, lediglich um einen Sprachunterricht und nicht um irgendein amouröses Abenteuer, was Nicole nach seiner Meinung offensichtlich im Sinn hatte. Walter überlegte, wie Heiner in dieser Situation handeln würde. Er fühlte sich schon geschmeichelt und spürte ein Kribbeln in der Bauchgegend, das er lange in dieser Intensität nicht mehr gehabt hatte. Außerdem war die Kursgebühr bereits bezahlt, er würde diesen Betrag ungerne in den Wind schreiben und ihm gefiel der Unterricht. Walter hatte in den nächsten Tagen Zeit, dies alles nochmals zu überdenken. Die nächste Doppelstunde würde ausfallen, da Nicole für einige Tage zu ihrer Mutter nach Frankreich fahren und dort auch den Verlag besuchen wollte, für den sie arbeitete. Umgekehrt hatte er Nicole von seinem Kurzurlaub in der ersten Aprilwoche mit seinem Freund Michael erzählt und sich für diese Zeit abgemeldet.

∞

Einer der unangenehmsten Termine für einen Schwerhörigen ist ein Arztbesuch. Dies galt auch für Walter. Alleine die Vorstellung, in die oftmals unpersönlichen Räder einer kleinindustriell geführten Arztpraxis zu geraten, ließ ihn schaudern. Dies begann bei vielen Ärzten bereits mit dem Aufrufen der Patienten im Wartezimmer. Wenn er seinen Namen nicht eindeutig verstanden hatte, was die Regel war, wartete er, ob jemand aufstand. Meldete sich niemand, dann war er wohl gemeint.

Diese Methode konnte jedoch schiefgehen wie vor wenigen Monaten geschehen. In einer größeren Fachpraxis für Urologie eröffnete man ihm beim zweiten Besuch, dass eine Orchiektomie, eine Entfernung der Hoden unumgänglich sei. Erst im weiteren Verlauf des Gespräches stellte sich heraus, dass er gar nicht gemeint war. Der eigentliche Adressat dieser Diagnose besuchte zum Zeitpunkt des Patientenaufrufes die Toilette und ahnte, wieder im Wartezimmer sitzend, noch nichts von seiner bevorstehenden Entmannung. Für Walter hatte der Arzt allerdings auch eine schlechte Nachricht. Er musste sich einer Prostataoperation unterziehen.

Noch unangenehmer stellt sich der Patientenaufruf für Schwerhörige dar, wenn dieser über Lautsprecher erfolgt und zusätzlich noch die Nummer des Sprechzimmers angegeben wird. Es gilt dann gleich zwei Hürden für das richtige Verstehen zu überwinden. Walter hatte diesen Lautsprechereinsatz ausgerechnet bei einem HNO-Arzt kennengelernt und ihn danach nie wieder aufgesucht.

Am liebsten war ihm ein Aufrufverfahren, bei dem man eine Nummer bekommt, die auf einem kleinen Bildschirm im Wartezimmer über die Reihenfolge informiert. Vom Straßenverkehrsamt her kannte er dieses System. Dann konnte er die Wartezeit entspannt mit dem Lesen eines Buches verbringen oder sich mit seinem Handy beschäftigen.

Jedenfalls schob Walter Arzttermine oftmals so lange hinaus, bis Susanne ihn sehr ungehalten daran erinnerte. Dies galt insbesondere für alle Vorsorge- und Kontrolluntersuchungen. Wenn er freiwillig einen Arzttermin vereinbarte, musste er schon etwas sehr Ernstes haben. Aktuell stand eine Nachsorgeuntersuchung wegen seines Cochlear Implantats an. Entsprechend übellaunig nahm Walter diesen Termin wahr.

Das CI trug Walter nunmehr seit vier Monaten. Er hatte sich noch nicht an diesen Fremdkörper unter seiner Kopfhaut gewöhnt, obwohl er nach der CI-Operation mehrere Sitzungen bei einer Logopädin verbracht hatte, um die vom CI produzierten Töne richtig deuten zu lernen. Vogelgezwitscher klang anfangs wie ein Presslufthammer und das Zerknittern von Papier wie der Donner eines Sommergewitters. Gleichzeitig galt es, möglichst oft anderen beim Sprechen zuzuhören. Da Susanne tagsüber in ihrem Reisebüro war, fehlten ihm die Gesprächspartner. In einer solchen Situation waren lästige Marketinganrufe, zum Beispiel von Weinverkäufern, feinste Übungsgelegenheiten. Walter hatte ansonsten solche Anrufe direkt weggedrückt oder die Gespräche nach kurzer Zeit beendet. Mit dem CI im Kopf nahm er diese Anrufe jedoch an, weil ihm völlig klar war, dass der Anrufer etwas von ihm wollte. Dieser bemühte sich daher deutlich zu reden und er konnte sehr entspannt auch beim dritten Mal nachfragen, wenn er etwas nicht verstanden hatte. Gekauft hatte er denn letztendlich doch nichts.

Die CI-Technik wurde in den Sechzigerjahren des vorigen Jahrhunderts entwickelt und ist in ihrer Funktionsweise komplizierter als moderne Hörgeräte. Walters Cochlear Implantat bestand aus einem externen Teil mit Mikrofon und Sprachprozessor sowie einem internen Teil mit Empfängerstimulator und Elektroden. Das Mikrofon wandelte den aufgenommenen Schall in elektrische Signale um und übertrug ihn drahtlos an den internen Teil. Dort stimulierten die in die Cochlea eingesetzten Elektroden die Hörnervenfasern und leiteten die Signale ans Gehirn weiter, wo sie als Geräusche und Töne interpretiert wurden. Dies geschah, anders als beim Hören mit einem Hörgerät, durch eine Reizung der Nerven mit künstlichem Strom. Das war für Walter der Grund, warum die mit dem CI erzeugten Töne anders klangen, als wenn sie vom Hörgerät verstärkt werden. Es gibt deutlich weniger Menschen, die ein CI nutzen als Hörgeräteträger, was auch mit den viel höheren Kosten und der erforderlichen Operation zu tun hat.

Bei Walters CI-Nachsorgeuntersuchung standen aktuell Hörtests, Gespräche mit CI-Akustiker und einem HNO-Arzt auf dem Programm. Der Techniker konnte abermals nichts gegen das von Anfang an bestehende Echo tun, das den selbst gesprochenen Worten nachhallte und der Arzt nichts gegen den Tinnitus, der direkt nach der CI-Operation auftrat. Walter hatte nichts anderes erwartet. Dennoch war er froh, seinerzeit Susannes Rat gefolgt zu sein, sich das Implantat einsetzen zu lassen. Er konnte hierdurch, wenn auch sehr eingeschränkt, wieder Stereo hören. Und er war in der Lage, auf dem Ohr selbst dann etwas zu hören, wenn er sich den Finger ins Ohr steckte. Wer konnte schon damit aufwarten, auch wenn er noch nicht herausgefunden hatte, wofür dieser einzigartige Vorteil gut sein könnte.

6. Francis Galton und der Ochse

Es nahm kein Ende.

An dem Donnerstag, an dem der Französischunterricht ausfiel, zeigte sich der Himmel grau in grau und ein typisch münsterländischer Dauerregen überzog Stadt und Land. Walter hatte seine Actionliste bereits abgearbeitet und dachte darüber nach, was er tun könnte. Das Haus zu verlassen, schien ihm bei dem Wetter, bis auf den obligatorischen Hundespaziergang, wenig reizvoll. Die Bücherwand im Arbeitszimmer aufzuräumen, wäre dagegen eine sinnvolle Maßnahme. Susanne legte alles Mögliche auf und vor die Bücher in den Regalen und stellte gelesene Bücher, wenn überhaupt, in chaotischer Weise wieder zurück. Er überlegte kurz, ob er zuerst seine Actionliste um den Punkt ›Bücherwand aufräumen‹ erweitern sollte, verzichtete aber letztlich auf den Eintrag, wenngleich er sich selbst um das genussvolle Abhaken einer durchgeführten Aufgabe auf seiner Liste bringen würde.

Nach einer guten Stunde Aufräumarbeit strahlte die Bücherwand eine sachliche Prüderie und effiziente Ordnung aus, die jegliche von Susanne mit großer Leichtigkeit betriebenen Auflockerungen vergessen ließ. Eines der von ihr gelesenen Bücher hatte er mit einer gewissen Verärgerung repariert, das heißt wieder zusammengeklebt, ohne mit dem Ergebnis zufrieden zu sein. Das über 900 Seiten dicke Taschenbuch war mittig, wahrscheinlich mit einem der großen Kochmesser, durchtrennt worden. Für Walter war das ein Unding, ein Frevel an der Literatur, auch wenn es sich nur um einen dieser klassischen Frauenromane handelte, den Susanne, mit brachialer Gewalt geteilt, bequemer im Bett lesen konnte. Er stand nun zusammen mit den anderen Büchern wie eine militärische Formation in Reih und Glied, was in dieser Perfektion nur durch den konsequenten Einsatz eines Lineals möglich war. Die Aktion war nicht nur ordnungstechnisch ein Erfolg, er entdeckte nebenbei ein Sachbuch, welches er zuvor noch nicht gelesen hatte. Interessiert schaute er sich die ersten Seiten an und war sogleich vom Inhalt gefesselt. Er konnte die Geschichte kaum glauben, obwohl es sich um einen dokumentierten Bericht eines Wissenschaftlers handelte. Worum ging es?

Der britische Gelehrte Francis Galton war bereits fünfundachtzig Jahre alt und durch seine Forschungen zur Statistik und über Erbanlagen in der Welt der Wissenschaft ein berühmter Mann geworden. Im Herbst des Jahres 1906 besuchte er eine regionale landwirtschaftliche Messe in Westengland, bei der ein Wettbewerb veranstaltet wurde. Es galt, möglichst genau das Gewicht eines ausgestellten Ochsen zu schätzen. Für eine geringe Gebühr von sechs Pence konnte jedermann auf einer gestempelten nummerierten Karte den Wohnort mit Adresse und das Schätzgewicht eintragen. Auf die genauesten Schätzungen waren Preisgelder ausgesetzt. Insgesamt nahmen 787 Personen an diesem Wettbewerb teil. Es war eine bunt zusammengewürfelte Gesellschaft. Landwirte und Metzger, die sich mit dem Gewicht von Kühen und Ochsen auskannten und viele Unbedarfte, Menschen aus der Stadt, deren Bezug zur Viehhaltung gering war.

Francis Galton hatte in seinem wissenschaftlichen Leben viele Experimente und Untersuchungen angestellt, die beweisen sollten, dass ›die Dummheit und Verbohrtheit vieler Männer und Frauen von schier unglaublichen Ausmaßen‹ sei. Daher sei es nach seiner Meinung erforderlich, dass wichtige Entscheidungen in einer Gesellschaft nur von wenigen Auserwählten mit einem hohen Fachwissen getroffen werden sollten.

Galton sah in diesem Schätzwettbewerb die Möglichkeit, seine Thesen durch ein Experiment zu stützen. Er borgte sich daher vom Veranstalter die Wettkarten und errechnete das geschätzte Durchschnittsgewicht. Da am Wettbewerb nur wenige Experten, aber viele Laien teilgenommen hatten, erwartete er ein ziemlich absurdes Ergebnis. Aber weit gefehlt! Die Teilnehmer hatten den Ochsen auf 1.197 englische Pfund geschätzt und verfehlten damit das tatsächliche Gewicht von 1.198 nur um 1 Pfund. Die Schätzung der bunt zusammengewürfelten Teilnehmerschar traf damit fast genau ins Schwarze. Das fehlende Fachwissen der meisten Teilnehmer konnte demnach keine so bedeutende Rolle gespielt haben.

Walter war ähnlich überrascht wie seinerzeit Francis Galton und überlegte sogleich, ob diesem Ergebnis eine Regel zugrunde lag, die auch auf andere Bereiche übertragen werden konnte. Er erinnerte sich an sein Treffen mit Heiner, der vor der Aufgabe stand, die künftige wirtschaftliche Entwicklung für seine Aktienfonds abzuschätzen. Gab es da eine Parallele zu der Geschichte mit dem Ochsen? Im Unterschied zu diesem Schätzwettbewerb auf einer landwirtschaftlichen Messe bestand Heiners Team ausschließlich aus hochspezialisierten Mitarbeitern. Würde er seine Ergebnisse optimieren können, wenn auch Menschen dabei wären, die mit der Finanzwelt wenig oder nichts zu tun hätten? Die dafür aber Erfahrungen und Kenntnisse aus ganz anderen Lebensbereichen und Berufen einbringen konnten? Für Walter war das ein interessanter Gedanke, dem er an diesem Donnerstagnachmittag lange nachhing.

∞

Nach Walters vorzeitigem Renteneintritt hatten die Brinkmanns Familienzuwachs bekommen. Es war die schon erwähnte mittlerweile rund 1 ½ Jahre alte Ridgeback-Hündin Kumba. Sie ließ sich schnell integrieren, bekam ihr Fressen, wenn die Brinkmanns aßen, schlief im gemeinsamen Schlafzimmer und hatte einen festen Platz auf der Couch, wenn zusammen ferngesehen wurde. Obwohl Walter es war, der sich für die Anschaffung des Hundes stark gemacht hatte, ihr das Futter zubereitete und mit ihr die Gassigänge absolvierte, schenkte Kumba ihre Zuneigung in erster Linie ihrem Frauchen Susanne. Wenn sie von der Arbeit nach Hause kam, wurde sie vor Begeisterung abgeschleckt, was ihr das abendliche Abschminken ersparte. Walter erklärte sich diese einseitige Zuneigung des Vierbeiners mit seiner strengen Erziehung, die er Kumba gleich zu Beginn verordnet hatte. Susanne hatte da ganz andere Vorstellungen. Ihre Devise bei der Hundeerziehung war: ›Mit Strenge ist es wie mit Seife. Je mehr du zudrückst, desto mehr rutscht sie weg.‹

Walter war da anderer Meinung. Welche Probleme ein weniger gut erzogener Hund dem Halter bescheren kann, hatte er in Gestalt seines Hundefreundes Roland, mit dem er den täglichen Hundespaziergang am Aasee bestritt, vor Augen. Sein Labrador Kuno hörte nur gelegentlich, hatte nicht gelernt, ohne zu Ziehen an der Leine zu gehen, und fühlte sich als der eigentliche Boss. Dabei gelten Labradore hinsichtlich Alltagstauglichkeit gemeinhin als die Mercedes-Automatikmodelle unter den Hunden.

Die beiden Hunde Kuno und Kumba und auch ihre Halter waren so verschieden, dass man schon von Gegensätzlichkeiten sprechen musste. Rolands auffälliges mehrlagiges Doppelkinn und sein voluminöser Körper waren nicht der Grund für sein unbeweibtes Leben. Da war sich Walter ziemlich sicher. Man konnte ihn in gewisser Weise sogar als Frauenflüsterer ansehen. Dies demonstrierte er oft genug, wenn er weibliche Hundehalter traf und mit ihnen einen gefälligen Small Talk führte. Aber er hielt nichts von festen Beziehungen. Heiraten bedeutete für ihn, seine Rechte zu halbieren und seine Pflichten zu verdoppeln. Dennoch kamen die Zwei- und Vierbeiner erstaunlich gut miteinander aus.

»Und du willst Kumba wirklich mit auf das Boot nehmen?«, fragte Roland skeptisch. »Das wird mit ihren Gassigängen aber schwierig. Ich nehme Kumba gerne die Woche. Dann ist dein Segeltörn doch entspannter.«

Walter ließ sich von Rolands Vorschlag leicht überzeugen. Es bedurfte keiner blühenden Fantasie, sich vorzustellen, wie sein sensibler Hund auf die ungewohnte Umgebung eines engen Bootes reagieren würde. Alleine die Entsorgung dessen, was alltäglich aus dem Tier heraus das Freie sucht, wäre bei Kumbas anspruchsvoller Suche nach geeigneten sanitären Grünanlagen ein Problem. Ganz zu schweigen von ihrer kleinen Windmaschine unter der Rute. Wenn sie des Nachts in der engen Bootskajüte in Aktion treten würde, ginge es ums nackte Überleben.

In Walters Wahrnehmung war Rolands großer Vorzug seine deutliche Aussprache und angenehm klingende sonore Stimme. Sie kam besonders im Freien zur Geltung. Insbesondere jetzt im März, wenn die übermäßigen sommerlichen Lärmquellen, wie brummende Rasenmäher, Kindergeschrei vom Spielplatz, trillernde

Vögel, fehlten und nur wenige mitteilsame Besucher und Touristen unterwegs waren. Walter ging bei den Spaziergängen zudem stets rechts von Roland, sodass er mit seinem hörempfindlicheren linken Ohr der Unterhaltung gut folgen konnte.

Er hatte Roland von seiner letzten Französischstunde erzählt, in der Nicole ihm in subtiler Weise ihren Verzicht auf das Tragen von Unterwäsche zeigte. Beide mussten lachen, als sich herausstellte, dass Walter bei Rolands Bemerkung hierzu die Wörter ›obszön‹ mit ›schön‹ verwechselte.

»Sowohl als auch, beides trifft zu«, meinte Roland abschließend. »Sei doch froh über die zusätzlichen Einlagen. So gewinnt ein Sprachunterricht gleich eine unerwartete Attraktivität.«

7. Französischkurs III

Walter war gespannt und aufgeregt.

Als er am folgenden Dienstag nach seinem Fitnesskurs den Tiguan im Parkhaus am Hafen abstellte und zu Nicoles Wohnung ging, beschleunigte sich sein Pulsschlag. Es war ungewöhnlich warm für die Jahreszeit und einige Passanten trugen T-Shirts und Sandalen. Walter hatte fleißig Vokabeln gepaukt und sich wiederholt den Unterrichtsstoff der letzten Stunde angesehen. Die französische Sprache gefiel ihm, Probleme hatte er jedoch mit dem richtigen Verstehen und der Aussprache. Italienisch mit den vielen Vokalen wäre für ihn einfacher gewesen. Aber die Franzosen sprachen halt französisch.

Eine strahlende Nicole im leichten Sommerkleid öffnete ihm die Wohnungstür. Sie zog ihn sanft zu sich, um das traditionelle Begrüßungsritual – er hatte gelernt, dass man es ›faire la bise‹ nennt – zu eröffnen. Walter spürte die Wärme ihres Körpers und ihre Lippen auf seinen Wangen, erst rechts und dann links. Zum Abschluss würde nochmals die rechte Seite bedacht werden. Stattdessen spürte er ihren feuchten Mund auf seinen Lippen und eine Zunge, die sich energisch und geschickt den Weg zwischen seine Zähne bahnte. Sie verweilte dort nur für den Bruchteil einer Sekunde. Walter war zu überrascht, um irgendwie zu reagieren.

»Mon ami, ich habe unsere ausgefallene Stunde vermisst«, flötete sie mit einem verführerischen Blick, wandte sich dann zur Sitzgruppe und wechselte das Gespräch in einen geschäftsmäßigen Unterrichtsmodus. Walter folgte ihr währenddessen, entledigte sich seines Leinenjacketts und setzte sich auf seinen Platz. Erst nach einer halben Stunde, als sie ihm eine Tasse Kaffee anbot, wurde es nochmals persönlich.

»Was machst du eigentlich, wenn deine Frau trotz deines Sprachkurses nicht mitfahren will? Qu'est-ce alors? Dann würde all das Erlernte verwelken!« Ihre Stimme klang so bekümmert, als wenn sie den Lottoschein mit einem Volltreffer vergessen hätte abzugeben.

»Tja«, meinte Walter und setzte ein ebenso trauriges Gesicht auf, »in dem Fall muss ich armer Mann wohl alleine fahren.«

»Nicht doch«, schmollte sie, »darüber hinaus hast du niemanden, der auf dich aufpasst, wenn du etwas nicht verstehst.« Sie schaute ihn an und ihr Blick ging tief in die verborgenen Fantasien seines Inneren.

Walter entzog sich seinen gedanklichen Auswüchsen, leerte seine Kaffeetasse und entschuldigte sich für einen Toilettengang. Seine empfindliche Blase drängte ihn, beachtet zu werden. Für die restliche Unterrichtsstunde hatte Nicole Gesprächsmuster in loser Blattform vorbereitet. Sie nannte diese Sammlung ›Systématisation orale‹. Die schriftlichen Dialoge sollten nach ihren Worten »Im freien Transfer auf andere Situationen übertragen werden und als Übung für reale Sprechsituationen im Frankreichurlaub dienen«.

Walter hatte die leisen Zweifel, ob sein Urlaubsplan von Susanne mitgetragen würde, bisher erfolgreich weggesperrt. Nicoles provozierende Bemerkung war wie ein Schlüssel, die Skepsis freizulassen. Vielleicht war er wirklich zu optimistisch gewesen. Missmutig machte er sich auf den Rückweg zu seinem Wagen. An einem Imbissstand wollte er sich mit einem Sandwich trösten, was nur mäßig gelang. Das, was er bekam, sagte ihm nicht zu, hatte er aber zweifellos bestellt, weil er auf die entscheidende Frage falsch geantwortet hatte.

∞

Susanne und Walter Brinkmann waren seit sechzehn Jahren ein Paar. Sie hatte seinen Heiratsantrag, den er ihr bereits nach vier Monaten des Kennenlernens gemacht hatte, im Glücksgefühl des ersten gemeinsamen Urlaubs angenommen. Beide hatten zuvor ein bewegtes Leben ohne festen Lebensgefährten geführt, was den Wunsch erklären dürfte, Ruhe in ihr Privatleben zu bringen und eine stabile Lebensgemeinschaft mit einem Ehepartner einzugehen. Susanne hatte sogar ihren Mädchennamen aufgegeben und den Familiennamen von Walter angenommen.

Sie entstammte einem gutbürgerlichen münsteraner Haushalt, in dem es nur wenige Abweichungen von einem konservativ-christlichen Lebensentwurf gab. Der Vater war Jurist bei einer Versicherung, die Mutter, sie wurde erst im fortgeschrittenen Alter als Bibliothekarin diagnostiziert, arbeitete bei einer katholischen Stadtteilbücherei. Die beiden verheirateten Brüder empfanden sich als tragende Säulen der örtlichen Stadtverwaltung. Walter sah sie als Beamte, sozusagen als seine Angestellten an. Sie waren ordnungsgemäß verheiratet und erfreuten sich jeweils zwei sorgsam erzogener Kinder.

Susanne war der Paradiesvogel in ihrem Elternhaus gewesen und dem Widerstreit ihrer Gefühle ausgesetzt, die enge katholische Lebensform ihrer Eltern mit den eigenen normsprengenden Wünschen zu harmonisieren. Es war nicht so, dass sie in ihrer Familie als das schwarze Schaf bezeichnet wurde, obwohl es die Sache eigentlich traf. Alleine schon wegen der Tatsache, mit einer unehelichen Tochter den Pfad der Tugend verlassen zu haben. Ihre Tochter hatte sich recht früh ein Leben in einer Berliner Multikulti-Gesellschaft eingerichtet, arbeitete in einem Start-up-Unternehmen und lebte beziehungstechnisch à la carte.

Dennoch war Susanne ein religiöser Mensch, allerdings ohne jede fundierte Basis. Sie genoss in gewisser Weise den regelmäßigen Kirchgang, die katholischen Feiertage und die Riten ihres Glaubens, weil sie das an eine glückliche Kindheit erinnerte. Die Religion bot ihr Trost bei Leid, Trauer und Enttäuschung und ließ sie die Ungerechtigkeiten der Welt besser ertragen. Auch dem Tod haftete für sie weniger Deprimierendes an, glaubte sie doch an ein Leben danach und an eine göttliche Gerechtigkeit.

Für Walter stand alles Religiöse auf einer wackeligen Grundlage. »Der Glaube ist die Kapitulation des eigenen Denkens«, hatte er ihr mal gesagt. Für ihn war Religion eine Art Brauchtum oder Folklore, ein Ergebnis von Erziehung, Umfeld und Familientradition, vergleichbar mit der Mitgliedschaft in einem Schützenzug oder Karnevalsverein, die soziale Kontakte fördern und Gleichgesinnte frohe gemeinsame Stunden erleben lässt. Er selbst gehörte keiner Kirche an, beneidete aber religiöse Menschen um ihren Glauben und ärgerte sich gleichzeitig darüber.

Susanne hatte die Heirat mit Walter nie bereut. Er war für sie der ruhige und zuverlässige Hafen nach vielen Sturmjahren, in denen sie zwischen der engen Welt ihres Elternhauses und dem freien Leben einer studentischen Wohngemeinschaft die Orientierung verloren hatte. Sie musste aber feststellen, dass man einen Menschen in wenigen Monaten nicht wirklich kennenlernen kann. Zum einen hatte sie die Probleme, die mit einer massiven Schwerhörigkeit verbunden sind, unterschätzt. Zudem entdeckte sie an ihm erst im Laufe der Zeit Eigenschaften, die ihr fremd waren. So hielt sie seinen Ordnungssinn für übertrieben, wenn nicht gar für kleinkariert. Ebenso seine schnell aufbrausende Empörung, die sich prompt einstellte, sobald sie gebraucht wurde.

Sie zeigte wenig Verständnis für rechthaberische Diskussionen, wenn er tapfer noch antwortete, obwohl es keine Fragen mehr gab. Während sie die Kontakte zu einem großen Freundeskreis intensiv pflegte, waren Walters soziale Interaktionen spärlich. Er hatte sein Interesse auf seinen Beruf konzentriert und pflegte so gut wie keine Hobbys. Und die Libido war nach Walters Prostataoperation auch nicht mehr so ausgeprägt wie einst.

Susannes stabilster Lebensbereich war ihr beruflicher Werdegang. Nach dem Studium der Touristik arbeitete sie in einem Reisebüro, welches sie nach dem Tod des Eigentümers übernahm. Sie investierte all ihr Geld und ihre Energie in die Fortentwicklung dieses Geschäftes. Die Erfolge machten sie stolz und selbstsicher.

Ihr Reisebüro lag in einer Seitenstraße der Innenstadt von Münster. Bodentiefe Schaufenster eröffneten den Blick auf überschaubare Räumlichkeiten, die jedoch alles boten, was ein erholungssuchender Kunde erwartete. Er würde beim Eintritt von einer einladenden Atmosphäre empfangen werden, die seine Reiselust verstärkte. Wohlgeordnete helle Regale mit Katalogen, Reiseführern, Karten und Broschüren hielten Informationen über exotische Stranddestinationen, aufregende Städtereisen oder abenteuerliche Trekkingtouren bereit. Inspirierende Wandbilder von fernen Ländern wirkten ebenso auflockernd wie zahlreiche kleine urlaubsbezogene Dekoartikel. Die Handschrift von Susanne war – ähnlich stilvoll war ihr Zuhause eingerichtet – unverkennbar. Sie und ihre drei Mitarbeiterinnen verfügten über einen eigenen Beraterplatz, an dem nach den Wünschen und dem Budget der Kundschaft die perfekte Reise zusammengestellt werden konnte.

Für Susanne war der letzte Mittwoch im März ein eher ruhiger Arbeitstag. Die Frühbucher hatten ihren Urlaub bereits im Januar und Februar klargemacht und die Kurzentschlossenen würden erst kurz vor den Sommerferien das Reisebüro aufsuchen. Deswegen konnte sie sich für eine Kundin an diesem Tag besonders viel Zeit nehmen, die ausdrücklich von ihr beraten werden wollte. Eine Freundin, so hatte sie gesagt, habe ihr diese Empfehlung gegeben.

»Ich möchte mit meinem Freund eine kleine Frankreichtour unternehmen und würde mich über ausgefallene Vorschläge freuen«, eröffnete sie ihr Anliegen.

Susanne betrachtete ihre Kundin interessiert, die eine ähnliche Körpergröße wie sie besaß und ihre schulterlangen schwarzen Haare in gleicher Weise wie sie trug. Sie erfragte weitere Details und konnte sich ein Bild der gewünschten Urlaubsreise machen: Eine Fahrt mit dem Pkw in der ersten Aprilwoche in die Provence, um Landschaft und gutes Essen zu genießen. Susanne schlug einige Reiseziele vor, wie zum Beispiel den Nationalpark Calanques, die Verdonschlucht, Cap Ferrat oder die Camargue und beschrieb die jeweiligen Besonderheiten.

»Hätten Sie auch Interesse am Besuch von kulturellen Veranstaltungen? Die Opern in Nizza oder Toulon sind einen Besuch wert.«

»Eher nicht.« Die Kundin schüttelte bedauernd den Kopf. »Mein Partner ist schwerhörig und würde die Vorführungen nicht genießen können.«

»Das kommt mir bekannt vor«, seufzte Susanne. »Mein Mann ist so gut wie taub und hört nur noch durch seine Hörhilfen. Die Urlaubs- und Freizeitaktivitäten sind da schon etwas eingeschränkt.«

Die Besucherin stimmte mitfühlend zu. Die beiden Frauen hatten ein gemeinsames Thema gefunden, das sie augenscheinlich zu Leidgenossen machte. Sie unterhielten sich noch eine Weile, bis die Kundin mit Tipps und Empfehlungen für den Urlaub versorgt, das Reisebüro verließ.

∞

Am Abend desselben Tages – Walter bereitete das Abendessen vor – beschäftigte sich Susanne mit dem Inhalt des Garderobenschrankes in der Diele. Er war vornehmlich für Gäste gedacht, beherbergte allerdings auch die saisonal erforderliche Kleidung der Brinkmanns. Er quoll wie so oft über. Susanne sortierte einige Wintersachen aus, die für die Frühlings- und Sommerzeit ihr Zuhause in dem geräumigen Schlafzimmerschrank in der ersten Etage finden würden. Als sie Walters Jackett in Händen hielt, stutzte sie. Ihr fielen ein, nein, zwei lange schwarze Haare auf, die unmöglich von ihr stammen konnten.

Irritiert rief sie: »Schatz, hast du dich mit einer Schwarzhaarigen getroffen?«

Walter antwortete mit seiner Lieblingsfrage: »Wie bitte?« Eine Angewohnheit, die er mit vielen Schwerhörigen teilte und die oftmals so präsent war, dass sie gestellt wurde, obwohl die Frage akustisch verstanden wurde. In diesem Falle jedoch hatte er durch den Tonverlauf nur mitbekommen, dass es sich um eine Frage handelte.

Einem plötzlichen Impuls nachgebend, antwortete Susanne: »Ist schon gut, ich sortiere gerade die Winterkleidung aus.«

»Ich kann dich nicht verstehen«, kam postwendend die leicht ungehaltene Antwort aus der Küche.

»Macht nichts, ist nicht so wichtig«, versuchte sie es, lauter als zuvor, ein drittes Mal.

Mit einem lang gezogenen »Okay«, fand dieses nicht untypische ›Ferngespräch‹ seinen Abschluss.

Susanne gingen die entdeckten Haare nicht aus dem Kopf. Die beiden Exemplare hatte sie in eine Plastikschachtel gelegt und im Kleiderschrank verstaut. Geistesabwesend setzte sie das Aussortieren der Kleidungsstücke fort. In ihrem Bekanntenkreis gab es niemanden, dem sie gehören konnten. Lange Haare besaßen mehrere ihrer Freundinnen, gut, aber keine schwarzen. Sie kannte überhaupt keine Frau, die schulterlanges schwarzes Haar trug. Bis auf die Kundin von heute Nachmittag, fiel ihr ein. Die auch mit einem Schwerhörigen verheiratet war. Nein, korrigierte sie sich, befreundet war. Mit dem sie zusammen in der ersten Aprilwoche eine Fahrt durch die Provence machen will. Ulkigerweise der gleiche Zeitraum wie Walters Segeltörn. Was für ein eigenartiger Zufall! Dem langsam aufkommenden Misstrauen wollte sie schnell einen Riegel vorschieben, aber wie die Zahnpasta, die einmal aus der Tube gedrückt, nicht wieder hineinbugsiert werden kann, nahm dieser Gedanke Gestalt an. Gab es vielleicht noch andere von ihr in letzter Zeit übersehene Anzeichen, die dafür sprachen, dass Walter heimlich jemanden kennengelernt hatte? Ihr fielen die Anrufe mit unterdrückter Telefonnummer in den vergangenen Tagen ein, bei denen nur das Freizeichen zu hören war. Nachdenklich trug sie zwei Wintermäntel in das erste Obergeschoss und hörte dort Walters lautes Rufen: »Essen ist fertig!«

Beim Abendessen war sie mit ihren Überlegungen beschäftigt und zeigte sich wortkarger als sonst.

»Was war denn vorhin, als du gerufen hattest?«, erkundigte sich Walter freundlich.

»Ach, nichts weiter. Ich habe Wintersachen aussortiert und dein Leinenjackett für die Reinigung vorgesehen. Was hast du alles damit angestellt? Es sieht recht mitgenommen aus.« Sie sah ihn fragend an und versuchte zu lächeln.

Walter zuckte mit den Achseln. »Habe ich halt oft getragen.«

»Du kannst ja den Gang zur Reinigung in deine Actionliste eintragen.«

»Sowieso«, antwortete er mit seiner speziellen Stereotype. »Ich muss ohnehin Äpfel für den Kuchen kaufen, den ich backen soll, wenn Heiner und Erika am Samstag zum Kaffee kommen.«

Susanne hatte sich entschieden, nichts von ihrem Fund zu verraten. Wahrscheinlich gab es eine simple Erklärung für die langen schwarzen Haare auf seinem Jackett. Sie wollte nicht als eifersüchtig und übertrieben misstrauisch dastehen. Aber sie würde verstärkt ihre Augen offen halten.

8. Kaffeeplausch

›Blindheit ist tragisch, Taubheit dagegen komisch.‹

Diesen Satz hatte Walter mal gelesen und sofort zugestimmt. Wenn er sich zwischen Taubheit und Blindheit entscheiden müsste, würde er seine Taubheit wählen. Die Fähigkeit zu sehen war ihm wichtiger. Ein Bild sagt schließlich mehr als tausend Worte. Außerdem gibt es im Umgang mit Tauben oder Schwerhörigen oft Situationen, die als lustige Verwechslungen angesehen werden können, vorausgesetzt man hat wegen seiner Behinderung nicht komplett den Humor verloren.

Die meisten Menschen sahen das ähnlich. Sehende betrachten Blinde daher voller Mitleid, überschlagen sich fast, um ihnen zu helfen, sie vor Hindernissen zu schützen und sie über verkehrsreiche Straßen zu begleiten. Blindenarmbinde, dunkle Brille und Blindenhund sind sichtbare Zeichen ihrer Behinderung und lösen unmittelbare Bekundung von Anteilnahme aus. Hörhilfen dagegen sind fast unsichtbar, nur ihre jeweiligen Träger sind davon überzeugt, dass man sie weithin sieht. Fremde Menschen, die vergeblich versuchen, mit einem Schwerhörigen zu kommunizieren, nehmen dies oftmals eher verärgert als voller Mitgefühl zur Kenntnis.

In gewissen Situationen ist es daher erforderlich, seinem Gegenüber von Anfang an reinen Wein einzuschenken, da die Hörhilfen abgelegt werden müssen.

Hierzu gehören Friseurtermine. Es ist unnötig zu betonen, dass Friseurbesuche nicht zu Walters Lieblingsterminen zählten. Normalerweise drängte Susanne ihn dazu. Diesmal suchte er seinen Friseur freiwillig auf, um sich die Haare vor der Woche mit dem Segeltörn schneiden zu lassen. Die kleine Brünette, die ihn sonst bediente, war nicht da. Sie wurde von einer ihm unbekannten stämmigen Person, Typ Brunhilde, vertreten.

»Ach Sie hören schlecht, überhaupt kein Problem, dann rede ich halt lauter«, donnerte sie in den Salon hinein, sodass alle Wartenden auf das sich anbahnende erniedrigende Schauspiel aufmerksam gemacht wurden. Walter hob abwehrend die Hände an seine Ohren, die, noch mit den Hörgeräten bestückt, alles verstärkten.

»Unser Lehrling, die Susi, kommt gleich und wäscht Ihnen die Haare«, fuhr sie fort.

Wenig später erschien besagte Susi und wurde von Brunhilde instruiert. »Der Herr ist schwerhörig. Du musst laut reden.« Das sagte sie so laut, als sei nicht Walter schwerhörig, sondern Susi. Während der ganzen Zeit des Haareschneidens redete Brunhilde mit dem Lehrling oder mit einem Nachbarkunden. Walter wurde zum Objekt degradiert, mit dem man keine Worte wechselt.

Als Walters Nachbar mit neuer Frisur den Salon verlassen hatte und auf Susi andere Aufgaben warteten, nahm das nunmehr vorherrschende Schweigen zwischen Brunhilde und Walter, jedenfalls nach seiner

Wahrnehmung, peinliche Züge an. Er fragte dann nach einer Illustrierten, heuchelte gesteigertes Interesse an den Vorgängen im englischen Königshaus und tat so, als wenn ein Gespräch ohnehin für ihn keine Option sei. Dass die Haare kürzer geschnitten wurden als sonst, bekam er daher zu spät mit. Obwohl Walter sich über die Situation und die Behandlung ärgerte, fühlte er sich bei der Bezahlung wegen seiner Behinderung verpflichtet, den Preis für das Haareschneiden um ein üppiges Trinkgeld aufzustocken.

∞

Kuchenbacken hatte für Walter einen niedrigeren Unannehmlichkeitsgrad als ein Friseurbesuch, gehörte aber nicht zu seinen Lieblingsbeschäftigungen. Er aß zwar gerne Kuchen, auch seine Apfelkuchen mit Zimt, Rosinen und viel Sahne, vorausgesetzt, sie waren ihm gelungen. Das war aber genau der Punkt, der ihm das Kuchenbacken vergrämte. Allzu oft gab es etwas auszusetzen. Zumeist war es die Konsistenz des Kuchens. Dann war er nicht stabil genug, fiel in sich zusammen und konnte nicht vernünftig in normale Stücke geschnitten werden.

Gleichwohl hatte Susanne ihn gebeten, für den Kaffeeplausch an diesem Samstagnachmittag mit Heiner und Erika Blümer einen Apfelkuchen zu backen. Walter hatte dies brav auf seiner morgendlichen Actionliste notiert und sie dadurch zusammen mit dem notwendigen Einkauf merklich verlängert. Die eigentliche Arbeit war das Kuchenbacken selbst. Zuerst musste der Teig hergestellt und mit beiden Händen geknetet werden. Walter mochte es nicht, wenn der Teig wie Pattex zwischen den Fingern klebte. Er hatte sich angewöhnt, vorher seinen Ehering auszuziehen. Das spätere Händewaschen war dann einfacher. Mit der Hälfte des zubereiteten Teigs wurde die eingefettete Kuchenform ausgelegt und in einem ersten Gang gebacken. Sodann mussten zwei Kilo Braeburn-Äpfel, die diesmal besonders klein ausfielen, geschält, das Kerngehäuse entfernt, in kleine Stücke geschnitten und gedünstet werden. Schließlich kam die gefüllte Kuchenform mit einer aufgelegten Teigschicht zum zweiten Mal in den Ofen. Die Zucker-Zitronenglasur bildete nach dem Backen den Abschluss. Walter war diesmal zufrieden mit seiner Arbeit. Der Kuchen hatte Ähnlichkeit mit dem Foto im Backbuch von Dr. Oetker und besaß eine stabile Form.

Als er genüsslich diese Position auf seiner Aufgabenliste durchstrich, erinnerte ihn dort eine von Susanne in Schönschrift aufgeführte Arbeit an deren Erledigung: Staubsaugen. Ausnahmsweise sah er diese Aufgabe als gerechtfertigt an, was eine kurze Begründung verdient. Der Staubsauger ist, wenn ein Hund im Haus gehalten wird, der zweitbeste Freund des Menschen. Im Frühjahr und im Herbst, wenn der Hund sein Fell wechselt und die braunen Haare des Ridgebacks überall zu finden sind, kann sich diese Reihenfolge sogar schnell umkehren.

Als Susanne am frühen Samstagnachmittag aus dem Reisebüro kam, war die Wohnung geputzt, der Kaffeetisch gedeckt und Walters Koffer war für die am nächsten Tag vorgesehene Fahrt zu seinem Segeltörn bereits gepackt. Die beim Staubwischen vorgefundenen, von Susanne achtlos liegen gelassenen persönlichen Utensilien wie Haarklammer, Modeschmuck, Nagelfeile und noch einiges mehr, hatte er gesammelt beiseitegelegt. Er würde ihr ihre Unordnung mit der üblichen kritischen Bemerkung, die, das wusste er aus Erfahrung, nichts half, zum geeigneten Zeitpunkt unter die Nase reiben.

Heiner und Erika trafen mit leichter Verspätung ein. Ihren Sport-BMW, in dem nur Platz für zwei Personen und einer Einkaufstasche war, parkte Heiner, wie stets zum Missfallen von Walter, halb auf dem Bürgersteig. Sie waren shoppen. Erika hatte Sommerkleidung gekauft, die sie Susanne unbedingt sofort vorführen musste.

»Die Kleider haben einen besonderen Schnitt und passen zu dir«, resümierte Susanne. Nur Walter wusste, was seine Frau damit meinte: Die fummelhaften, aber teuren Kreationen mit grellen Farben und übertriebenen Verzierungen passten nach Susannes Meinung zu der geschmacksmäßig unterernährten Erika. Sie hatte außer Kosmetik, Mode und Klatsch aus dem Umfeld von Fernsehsternchen nur ihren Beruf als Buchhalterin im Kopf. Bei den Zahlen konnte ihr allerdings kaum jemand etwas vormachen. Walter konnte das beurteilen, schließlich war er gelernter Controller. Da hatte sie alles im Griff. Selbst bei ihren beiden Kindern war ihr ein ausgeglichener Saldo gelungen - ein Junge und ein Mädchen.

Heiner wirkte - anders als noch vor zwei Wochen in der Kneipe - wie ein Mann, der gerade eine überraschend hohe Gratifikation zum Geschäftsjahresabschluss erhalten hatte und an sich halten musste, um nicht die genaue Summe hinauszuposaunen.

Walters Kuchen fand insbesondere bei Erika begeisterte Beachtung. »Susanne, ich weiß gar nicht, ob dir die Vorzüge deines Mannes bewusst sind.« Dabei warf sie Walter einen anerkennenden Blick zu. »Wenn Heiner versuchen würde, einen Kuchen zu backen, scheiterte dies bereits beim Einkauf. Er würde unverrichteter Dinge zurückkommen und sagen: ›Sorry, Darling, die Einkaufswagen waren angekettet.‹ Aber dafür bereitet mir Heiner so manche frivole Überraschung.« Sie schürzte ihre Lippen und zwinkerte Heiner versöhnlich mit einem neckischen Blick zu.

»Komm schon, lass uns teilhaben an euren amourösen Abenteuern«, drängte Susanne, wohlwissend, dass Erika solche Geschichten gerne zum Besten gab.

»Stellt euch vor«, begann sie, während Heiner ein breites Grinsen aufsetzte, »vorgestern klingelte es an der Haustür und ein Mann in Hermes-Uniform stand dort mit einem Paket in der Hand. ›Ich habe einen Spezialauftrag‹, sagte der Mann mit einer Stimme, die keinen Widerspruch zuließ. ›Ich muss mich persönlich davon überzeugen, dass Ihnen die Lieferung auch zusagt.‹ Aber ich kann doch keinen fremden Mann ins Haus lassen.«

Erikas roter Schmollmund formte die Worte mit gekünstelter Entrüstung.

Susanne gluckste leise. Walter schob unsicher die Unterlippe nach vorne und stellte, seinem Ordnungssinn gehorchend, die Zuckerdose, die Heiner neben seinem Kuchenteller abgestellt hatte, auf ihren angestammten Platz in die Tischmitte zurück.

Erika fuhr vergnügt fort: »›Ich muss darauf bestehen‹, sagte der fremde Mann und trat selbstsicher ins Haus. »›Sie müssen die bestellte Unterwäsche unbedingt sofort anprobieren!‹«

»Aber wenn mein Mann jetzt kommt, wie stehe ich dann da?« Erikas Spaß an ihrer schauspielerischen Einlage war unverkennbar.

»Also«, warf Walter unvermittelt ein, »mir wäre es viel zu umständlich, extra beim Kostümverleih eine Hermesuniform zu besorgen.«

»Walter, du bist eine Spaßbremse«, lästerte Erika.

»Ja, ihr müsst wissen, mein Mann ist den ganzen Tag über zu sehr mit häuslichen Arbeiten beschäftigt«, schlug Susanne ironisch in die gleiche Kerbe.

»Du kannst ja die Variante mit dem Schornsteinfeger

nehmen.« Erika sah Walter spitzbübisch an. »An seine Verkleidung zu kommen, ist bestimmt einfacher. Vorausgesetzt, Susanne hat keine Angst vor dem schwarzen Mann. Ihr würdet bestimmt viel Spaß miteinander haben.« Sie grinste, nahm ein neues Stück Kuchen und fragte versöhnlich: »Walter, was machen denn deine Ohren?«

»Tja, das ist ein deutlich weniger amouröses Thema. Manchmal denke ich, es wäre einfacher, völlig taub zu sein. Dann bräuchte ich im Gespräch das Gehörte nicht zu zerlegen und mir mit viel Gedankenakrobatik das Nichtverstandene zusammenzureimen. Und mein Gehirn wäre abends nicht erschöpft vom bloßen Zuhören.«

Erika, einmal im Redefluss, was bei ihr durch viel Kaffeegenuss häufiger passierte, setzte nach: »Gibt es eigentlich auch irgendwelche Vorteile, wenn man schwerhörig ist?«

»Sowieso«, antwortete Walter schmunzelnd. »Die Nächte sind ruhig. Ich kann bei Gewitter gut durchschlafen, höre keine surrenden Mücken und bekomme nicht mit, wenn sich die Nachbarstochter frühmorgens vor unserem geöffneten Schlafzimmerfenster lautstark von ihrem Freund verabschiedet und«, dabei stieß er die neben sich sitzende Susanne an, »kann meine Schwerhörigkeit vorschieben, unangenehme Sachen nicht gehört zu haben. Ab und zu gibt es aber auch lustige Verwechslungen durch falsches Hören.«

Die drei Tischnachbarn sahen ihn auffordernd an,

weiterzuerzählen. »Vorige Woche kaufte ich mir für mein Fitnesstraining eine Sportjacke und wurde von einer jungen Verkäuferin bedient. Ich konnte mich nicht so richtig entscheiden und nahm letztlich diejenige, die von der Verkäuferin mit ›sieht proper aus‹ beschrieben wurde. Als ich sie Susanne abends zeigte, schlug sie die Hände überm Kopf zusammen. Wir sind dann am nächsten Tag zusammen in das Geschäft gefahren, um sie umzutauschen. Meinte dieselbe Verkäuferin: ›Habe ich doch gleich gesagt, sieht wie Opa aus.‹«

9. Am Bodensee

Immer diese ganz Eiligen!

Walters Zorn wuchs über die Autofahrer, die andauernd die Spur wechselten und nachher doch überholt wurden, weil sie bei dichterem Verkehr in der langsameren Fahrspur festsaßen. Noch schlimmer waren für ihn die Raser, die meinten, Geschwindigkeitsbeschränkungen würden nur für die anderen gelten. ›Wenn wir uns nur an Vorschriften halten, die wir gut finden, dann bräuchten wir keine Vorschriften.‹ Dieser Gedanke ging Walter durch den Kopf, als er in seinem Tiguan auf dem Weg zum Bodensee, zu Michael, war. Er konnte seinen Ärger noch nicht einmal bei einem Beifahrer abladen. Wenn Susanne mitfuhr, musste sie unfreiwillig diese Opferrolle übernehmen. War das vielleicht mit ein Grund, weshalb sie keinen Urlaub mit ihm und dem Pkw machen wollte?, kam es ihm in den Sinn.

Susanne hatte ihm geraten, die Bahn zu nehmen. »Du kannst entspannt ein Buch lesen oder dir die malerische Landschaft im Rheintal ansehen«, hatte sie gesagt. Walters Antwort war ein entschlossenes Nein gewesen. Zu deutlich hatte er noch eine Bahnfahrt in Erinnerung, die in einem Fiasko endete. Auf einer Dienstfahrt nach Berlin hatte er den Firmenwagen gegen die Bahn eingetauscht, um unterwegs E-Mails zu beantworten. Der planmäßige Umstieg in Hamm war wegen der Verspätung seines Zuges nicht möglich. Die Durchsagen im Zug waren für ihn ebenso unverständlich wie die metallisch klingenden abgehackten Lautsprecherinformationen im Umsteigebahnhof. Er bekam nicht mit, dass der Anschlusszug in einem anderen Bahnsteig einfuhr und wartete am falschen Gleis wie bestellt und nicht abgeholt, bis er merkte, dass sein Zug längst abgefahren war. Kurzum, er kam zu einem wichtigen Geschäftstermin zu spät. Da war ihm sein eigener Pkw deutlich lieber. Es durfte bei seiner Fahrt zum Bodensee nur keine Panne mit dem Wagen geben, denn er hatte sein Handy zu Hause gelassen. Susanne war darüber verwundert gewesen, nahm er doch sein Smartphone normalerweise überall mit hin. »Auf dem Boot ist mir das alles zu unsicher«, hatte er ihr gesagt.

Auf der zweiten Hälfte seines Weges - das Ruhrgebiet mit zahlreichen Baustellen hatte er hinter sich gelassen - lichtete sich der Verkehr. Bei gemütlicher Fahrt konnte er seinen Gedanken nachsinnen und reflektierte die Gespräche tags zuvor am Kaffeetisch mit den Blümers. Susanne hatte erkennbar Gefallen an den freizügigen Erzählungen von Erika gefunden. Würde sie etwa auch gerne ihre sexuellen Fantasien bei Fetischspielen oder sogar bei anrüchigen Partys mit Korsagen, viel Latex und Strapsen ausleben wollen? Er selbst fühlte sich eigentlich zu alt für solche Abenteuer.

Von Heiner wusste er, dass sein Liebesleben mit Erika weit weniger intensiv war, als Susanne wahrscheinlich vermutete. Heiner hatte ihm unlängst noch mit einem bitteren Unterton von seinem ›ausgefallenen‹ ehelichen Sex erzählt. »Diese Woche ausgefallen, letzte Woche ausgefallen und so weiter.« Vielleicht empfand Susanne ja ähnlich, überlegte er nachdenklich.

Seit seiner Prostataoperation vor zwei Jahren hatte die Sexualität für ihn an Bedeutung verloren. Und sein Hörsturz hatte die Sache noch zusätzlich erschwert. Es war einfach frustrierend, in bestimmten amourösen Situationen leise gesprochene Worte nicht zu verstehen. Beim Flüstern fehlt die persönliche Färbung der Stimme, ein Schwerhöriger bekommt dann nur verschwommene wohlige Laute mit. Ein Nachfragen wie zum Beispiel: »Kannst du das bitte laut wiederholen?«, verbietet sich von selbst. Zudem fallen beim Sex die ›Ohrgehänge‹ leicht ab. Oder sie baumeln am Kopf herum wie Loriots Nudeln und führen zu Lachanfällen bei der Partnerin. Eine denkbare Lösung wäre, ein Stirnband zu nehmen, das Walter früher beim Tennis getragen hatte. Wenn er das anlegte, wüsste Susanne gleich, dass es über mehrere Sätze gehen würde. Legt man die Hörhilfen komplett ab, ist die akustische Erreichbarkeit vollends gekappt. Und raus sollten sie schon, denn das Schlafen mit Hörgerät und CI ist sehr unangenehm.

Um die Mittagszeit legte Walter eine Pause ein. Er verließ die Autobahn und fuhr zu einem nahe gelegenen Ort, in der sowohl eine Dorfschenke wie auch eine Tankstelle ihre Dienste anboten. Zuerst suchte er die Toilette an der Tankstelle auf. Sein häufiger Harndrang hatte sich nach seiner Prostataoperation kaum vermindert. Erst eine Stunde zuvor hatte er deswegen einen Stopp einlegen müssen. Dann tankte er den Wagen voll. Walter rechnete zufrieden aus, dass er mit der Einsparung gegenüber der Autobahntankstelle sein Mittagessen finanzieren konnte. Der Pfälzer Weinkrug bot sich hierzu an. Er wählte in der Gaststätte einen ruhigen Platz aus, studierte die Speisekarte und musterte die wenigen Gäste in seiner Umgebung. Sein Blick wurde von einer aufgehübschten Blondine gefangen, die einem Gemälde von Toulouse-Lautrec entstammen könnte und hektisch in ihrer Handtasche kramte. Gleichzeitig trat die Kellnerin zu ihm, eine dralle Person mit dem rosigen Gesicht einer Bäuerin, wie man sie in Lesebüchern für Kinder findet.

»Hallöchen mit Öchen«, grüßte sie jovial. »Wollen Sie die Puppe?«

Walter wandte seinen Blick von der auffälligen Nachbarin ab und schaute irritiert in das freundliche Gesicht der Kellnerin. »Nein, nein«, stammelte er, »wo denken Sie hin? Natürlich nicht!«

Verschnupft fragte sie: »Wollen Sie nur etwas trinken? Unsere Tagessuppe wird allseits geschätzt.«

Walter lief rot an, hatte jetzt richtig gehört und verzichtete darauf, das sprachliche Missverständnis zu erklären. Er bestellte dann tatsächlich die Suppe, die zügig serviert wurde, sodass er diesen Ort mit dem peinlichen Vorfall schnell wieder verlassen konnte.

Je näher er Michaels Zuhause in dem schweizerischen Arbon kam, desto deutlicher wurde ihm bewusst, auf was er sich mit dem Segeltörn eingelassen hatte. Er würde die ganze Woche mit seinem alten Freund zusammen sein und es gab viel zu erzählen. Seine Ohren würden einer intensiven Beschallung ausgesetzt werden und seine Konzentration wäre im Dauereinsatz gefordert. Abends würde sein Kopf dröhnen, sich wie bei einer Erkältung anfühlen und das Einschlafen erschweren. Ihm war umgekehrt nicht klar, ob Michael sich vorstellen konnte, was alles auf ihn zukommen würde. Bei dem langen Telefonat mit ihm klappte die Verständigung ganz gut. Wie es im direkten Gespräch in unterschiedlichen Situationen sein würde, blieb abzuwarten. Zur Not, so überlegte er, könnte man den Aufenthalt auch etwas verkürzen. Sie machten schließlich eine individuelle Segeltour und keine pauschalierte Kreuzfahrt.

Der kleine schweizerische Ort Arbon liegt idyllisch am Bodensee und ist wegen seiner Altstadt mit historischen Gebäuden und der Seepromenade bekannt. Von den Einheimischen wird das liebliche Umfeld am Eingang zum Appenzellerland wegen des vielfältigen Obstanbaus ›Mostindien‹ genannt. Hierhin hatte es Michael, den passionierten Wanderer und Segler, vor über zehn Jahren verschlagen.

Walters Navi zeigte an, dass Michaels Wohnung in der Nähe des Schlosshafens lag. Es war früher Abend, als er sie erreichte. Umringt von Mehrfamilienhäusern in gehobener Wohnqualität strahlte seine im Erdgeschoss liegende Wohnung die lässige Eleganz des modernen Bürgertums aus.

Michael öffnete die Wohnungstür mit einem breiten Grinsen. Die raspelkurzen Haare und die Augenbrauen, buschig wie Schmetterlingsraupen, waren unverändert markante Gegensätze in seinem Gesicht. Und seine Stimme klang für Walter angenehm, ganz so, wie er sie in Erinnerung hatte. Seine düsteren Gedanken hinsichtlich der akustischen Verständigung, die ihn auf den letzten Kilometern begleitet hatten, lösten sich schnell auf.

»Du bist eigentlich taub, sagtest du mir am Telefon«, fragte er zweifelnd nach der ausgiebigen herzlichen Begrüßung. »Ich habe jetzt ganz normal gesprochen und du hast alles verstanden.«

Die beiden alten Freunde hatten auf der Terrasse Platz genommen, die von hochgezüchteten, miteinander rivalisierenden Topfpflanzen eingerahmt die Nähe zum See erahnen ließen. Michael hatte einen kalt gestellten Chasselas, einen Weißwein aus heimischem Anbau serviert und führte seinen Gedankengang zu Ende:

»Dann kommst du mit der Schwerhörigkeit doch gut zurecht!«

»Ich versuche mich mit ihr zu arrangieren.« Walters Gesicht wurde ernster. »Mir ist, als wäre ich ein Grenzgänger zwischen zwei Welten. Mit Hörhilfen gehöre ich – wenn auch mehr schlecht als recht – zu den Hörenden und ohne diese Geräte zu den Tauben. Warte mal ab«, fuhr Walter nunmehr wieder lockerer fort, »du wirst noch merken, was ich meine. Hier sind keine störenden Nebengeräusche und deine Stimmlage liegt mir. Bei weniger optimalen Rahmenbedingungen schafft es ein Schwerhöriger gleichzeitig dumm, arrogant und humorlos zu wirken. Dumm, da er regelmäßig vieles falsch versteht, arrogant, weil auf leise Andeutungen keine Reaktion erfolgt, und humorlos, weil bei Scherzen nicht gelacht wird. Er sich aber womöglich bei einem mäßigen Witz vor Lachen überschlägt, weil es der einzige war, der von ihm verstanden wurde.«

»Verstehe«, feixte Michael, »dann wirkt er zusätzlich noch sonderbar«, worauf beide lachen mussten.

»Also, Michael, du wirst meine Probleme schon noch mitbekommen.«

»Wenn du etwas nicht verstanden hast, fragst du einfach nach«, meinte er verständnisvoll.

Walter schmunzelte innerlich. Dies war definitiv einer der meistgesagten Sätze, die er in seinem Leben gehört hatte. Er würde Michaels Empfehlung natürlich nicht nachkommen, sondern von Fall zu Fall entscheiden, ob es sich lohnt, nachzufragen oder so zu tun, als hätte er verstanden, auch auf die Gefahr hin, etwas zu verpassen. Alles andere würde bedeuten, Michael in kürzester Zeit in den Wahnsinn zu treiben.

»Nun lass uns erst einmal unser Wiedersehen begießen«, meinte Michael vergnügt. »Ich habe auch etwas zu essen vorbereitet.«

10. Michaels Idee

Beste Wetteraussichten.

Der nächste Tag hatte sich mit der Sonne verbündet und die Wolken ausgesperrt. Eine milde Brise lag über dem See. Der Wetterbericht versprach auch für die kommenden Tage ähnliche Verhältnisse. Beste Bedingungen für einen mehrtägigen Bootstrip.

Michael und Walter hatten letzte Vorräte gebunkert und legten am frühen Nachmittag ab. Zu den Reiseutensilien gehörte Michaels Arbeitszimmer in Gestalt seines Notebooks. Er müsse leider Arbeit mitnehmen, hatte er Walter erklärt, da die termingerechte Abgabe von Essays, Kolumnen und Beiträgen für einige Zeitungen ausstanden. Walter war es recht, seine Ohren würden ihm die Erholungspausen danken, er würde Zeit für sich und seine Bücher haben, die er vorsorglich im Reisegepäck hatte.

Einen Aspekt hatte er bei der Bootsfahrt unterschätzt. Gleich nach Verlassen des kleinen Jachthafens machten sich die für Schwerhörige typischen Gleichgewichtsstörungen bemerkbar, obwohl der Wellengang mäßig war. Ein Boot von knapp zehn Meter Länge lag halt unruhiger auf dem Wasser als ein großes Kreuzfahrtschiff, auf dem er mit Susanne mehrere Urlaube verbracht hatte.

»Sieh zu, dass du auf Deck immer etwas zum Festhalten in der Nähe hast und wenn der Seegang unangenehm wird, dann fixiere einen bestimmten Punkt an Land an«, war Michaels Empfehlung.

Seine Jacht war hinsichtlich Größe und Ausstattung vergleichbar mit anderen Booten, die sich auf dem Bodensee tummelten. Die Kombüse mit ihrem flüssigen Inventar jedoch war außergewöhnlich. Das Sortiment an Wein und Spirituosen übertraf jedenfalls seine eigenen häuslichen Vorräte an Qualität und Quantität.

Beide Segel gesetzt, kreuzten sie langsam in verschiedene Richtungen, ließen auf dem Oberdeck ihr Gesicht vom frühlingshaften Aprilwind massieren und labten sich an von Michael zubereiteten Mixgetränken. Walter genoss den Moment fernab des künstlichen Alltagslärms. Das Takelwerk und der Wind gaben Töne von sich, die im Einklang mit den sanften Wiegebewegungen des Schiffes zum Dösen ermunterten. Sie sprachen wenig miteinander. Michael hatte schnell gemerkt, dass intensive Gespräche besser unter Deck erfolgen sollten.

Am Abend zuvor hatten sie sich in Michaels Wohnung lange bis in die Nacht hinein unterhalten. Der erste Informationshunger über das Leben des jeweils anderen war gestillt worden und sie hatten in alten gemeinsamen Erinnerungen geschwelgt. Michael hatte von seiner verstorbenen Frau erzählt, wie groß der Verlust für ihn war und wie glücklich sich Walter fühlen durfte, Susanne, die Michael nur durch Walters wertschätzende Erzählung kennengelernt hatte, an seiner Seite zu wissen. Ein Hauch von Schwermut hatte diesen

Teil der Unterhaltung begleitet und die Augen der beiden alten Freunde feucht werden lassen. Walter hatte sich vorgenommen, die Partnerschaft mit Susanne intensiver zu pflegen und seine Hörbehinderung weniger auf ihre Kosten auszuleben. Das Zusammenleben mit ihr war ein Geschenk des Schicksals, dies durfte er nicht vergessen.

Am Vormittag des nächsten Tages tauchten Schleierwolken und feuchter Bodennebel den Hafen von Konstanz, wo sie übernachtet hatten, in ein fahles Licht, das alle Konturen verwischte. Michael beschäftigte sich nach dem Frühstück mit seinem Notebook. Walter nahm eines der Bücher zur Hand, die er mitgenommen hatte. Nach einer guten Stunde klappte Michael seinen mobilen PC zu, schaute zu Walter und meinte: »Ich finde es sehr verständnisvoll von dir, dass du mir die Zeit für meine Arbeit lässt. Was liest du denn da Interessantes?«

Walter hielt ihm das Buchcover entgegen und sagte: »Ein Buch über kollektive Intelligenz, das ich unlängst zufällig bei Aufräumarbeiten in meinem Arbeitszimmer gefunden habe. Es beschreibt das Phänomen, dass individuelle Überlegungen vieler einzelner Personen zu einer intelligenten Lösung eines übergeordneten Problems führen können.«

»Das klingt aber sehr theoretisch«, Michael schaute ihn stirnrunzelnd an.

Walter lachte zustimmend und meinte: »Dafür sind die Beispiele im Buch umso lebendiger.« Er erzählte die Geschichte über Francis Galton mit der Schätzung des Ochsengewichts und schloss: »Es ist erstaunlich, dass eine Menschenmenge zu besseren Schätzergebnissen kommt als einzelne Fachleute. Und dies ist kein Einzelfall, sondern die Regel. Wenn du zum Beispiel eine Glasschüssel mit Münzen füllst und der Gesamtbetrag der Münzen soll geschätzt werden, dann wird der Durchschnittswert einer größeren Menge von Schätzenden höchstwahrscheinlich bessere Ergebnisse erzielen als einzelne Schätzer. Mich interessiert: Inwieweit kann dieses Phänomen auf ganz andere Bereiche übertragen werden?«

Michael hatte interessiert zugehört und machte ein nachdenkliches Gesicht. »Ja, das Ergebnis des Schätzwettbewerbs ist überraschend, es widerspricht allen Erwartungen. In welche anderen Lebensbereichen willst du denn diesen Effekt der *Weisheit der Vielen* – er nutzte damit den Titel des Buches, welches vor ihm lag – verwenden?«

»Ein langjähriger Freund und ehemaliger Arbeitskollege ist Fondsmanager. Er und sein hochspezialisiertes Team versuchen, die wirtschaftliche Entwicklung von Aktiengesellschaften und ganzen Volkswirtschaften vorherzusagen.«

»Ich ahne, worauf du hinauswillst«, unterbrach ihn Michael kopfschüttelnd. »Du glaubst, die kollektive

Intelligenz würde bessere Ergebnisse erzielen! Aber meinst du nicht«, seine Gesichtszüge gingen in ein freundliches Grinsen über, »dass es eine andere Nummer ist, die wirtschaftlichen Ergebnisse einer Firma vorauszusagen als das Gewicht eines Ochsens zu schätzen?«

»Ganz recht«, stimmte Walter schmunzelnd zu, »deswegen tue ich mich so schwer. Die Einflussfaktoren für die künftigen Unternehmensgewinne sind nicht statisch, wie beim Ochsengewicht, sondern eher dynamisch, jedenfalls deutlich vielfältiger. Andererseits«, er hob die Augenbrauen und seinen rechten Zeigefinger nach oben, »beeinflussen die ›Vielen‹, die an der Vorhersage beteiligt sind, auch das allgemeine Wirtschaftsklima und die Entwicklung unserer imaginären Firma.«

»Wird denn deine These durch eine Umfrage gestützt?«

»Nein, ich kenne jedenfalls keine.« Walter zuckte mit den Schultern. »Aber es gibt zahlreiche Untersuchungen, die zeigen, dass Anlagespezialisten mit ihren Ertragsprognosen für einzelne Unternehmen krachend danebenliegen. Du kannst ebenso gut einen Würfel nehmen und versuchen, mit dessen Hilfe die Zukunft vorherzusagen.« Walter setzte ein breites Grinsen auf, als er fortfuhr: »Du wirst es nicht glauben, aber Wissenschaftler haben in zahlreichen Untersuchungen nachgewiesen, dass Affen bessere Anlageentscheidungen treffen als Fondsmanager.«

Michael war sichtlich irritiert. »Also«, versuchte er zusammenzufassen, »das heißt, die Empfehlungen meines Wertpapierberaters bei der Bank, welche Aktien ich kaufen soll, kann ich voll in den Wind schreiben?«

Walter antwortete mit einem knappen und klaren: »Ja, kannst du getrost. Wenn es anders wäre, würde er nicht für eine Bank arbeiten, die ihm ein mittelmäßiges Gehalt zahlt, sondern als reicher Mann Dauerurlaub auf Sylt machen. Du kannst deine Investitionsentscheidung besser selbst treffen, indem du Papiere kaufst, die den Gesamtmarkt repräsentieren. Vielleicht kann man mit der ›kollektiven Intelligenz‹ dieses Ergebnis noch verbessern.«

Michael sah ihn zweifelnd an. »Okay«, sagte er dann langsam. »Jetzt mache ich uns einen Kaffee und anschließend legen wir ab. Wir wollen heute ja in Meersburg zu Abend essen. Aber über das Thema reden wir noch mal.«

Die folgenden zwei Tage waren ausgefüllt mit dem Besuch der malerischen Altstädte von Lindau, Bregenz und Friedrichshafen sowie der Besichtigung von Sehenswürdigkeiten. Als sich das Wetter verschlechterte, setzte Michael seine Arbeiten am Notebook fort und Walter genoss die akustischen Hörpausen mit seinen Büchern. Stunden später bei einer Brotzeit an Bord meinte Michael mit bedeutungsvollem Gesicht: »Ich habe eine Idee, wie wir die Vorhersagekraft einer größeren Menschengruppe auf unsere Geldanlage hin testen können.«

Walter sah ihn gleichermaßen erstaunt an. »Da bin ich aber gespannt«, antwortete er mit erwartungsvollem Gesicht.

»Einer der Zeitungen, für die ich regelmäßig schreibe, habe ich Beiträge vorgeschlagen, die sich mit dem Phänomen der ›kollektiven Intelligenz‹ beschäftigen. Die Resonanz der Redaktion war unerwartet gut. Es wird daher nicht nur einen Artikel, sondern eine ganze Artikelserie geben, in denen Beispiele über Gruppenintelligenz vorgestellt werden. In der letzten Folge werden dann, sozusagen als Höhepunkt, die Zeitungsleser mit einbezogen. Sie sollen nicht nur passiv über diese Thematik informiert werden, sie können sogar aktiv eine Prognose über die Höhe des Deutschen Aktienindexes zu einem noch zu bestimmenden Zeitpunkt in der Zukunft abgeben. Das ist es doch, worum es dir geht, oder?«

»Mensch, Michael, das ist eine Superidee!«, rief Walter erfreut aus. »Du hast ja schon ein richtiges Konzept!«

»Obendrein«, Michael machte eine Kunstpause, um die Spannung zu erhöhen, »erhält der Prognosekönig, also derjenige mit der treffgenausten Vorhersage, ein Preisgeld von zweitausend Euro.«

»Sehr schön.« Walter strahlte. »Mehr noch als die Siegprämie interessiert mich natürlich die Durchschnittsschätzung der Teilnehmer. Wird die veröffentlicht?«

»Ja, selbstverständlich. Die Zeitung will aus dieser Sache eine große Story machen.«

»Sag mal, Michael«, fragte Walter mit gekünstelter Naivität, »wer schreibt eigentlich alle diese Zeitungsartikel?«

»Das ist das Beste an der ganzen Sache. Ich natürlich«, lachte Michael. »Da habe ich mir eine Menge Arbeit aufgehalst. Du kannst mir beim ersten Artikel gerne helfen.«

11. Im Weindepot

Susanne war entzückt.

»Mhm«, kam es aus ihrem Mund. Sie genoss den ersten Bissen ihrer Pizza mit geschlossenen Augen. »Darauf habe ich mich schon den ganzen Tag gefreut«, gestand sie Erika, der eine Pasta serviert worden war und die den Geruch der frischen Trüffel einatmete.

»Köstlich«, stimmte sie in Susannes Lob ein. »Das Italvino hat eigentlich einen Stern verdient. Prost, meine Liebe«, fuhr Erika fort. »Genießt du die Tage ohne deinen Mann? Einmal nicht aufräumen müssen, Fernsehen, was einem gefällt, Milch aus der Packung trinken. Wie geht es ihm eigentlich?«

»Das möchte ich auch gerne wissen«, antwortete Susanne. »Ich habe nichts von ihm gehört. Er hat sein Handy zu Hause gelassen.«

»Ist ihm der Seegang auf dem Bodensee für sein Smartphone zu gefährlich?«, fragte Erika belustigt.

»Ja, das sagte er wirklich, aber ich glaube das nicht«, meinte Susanne ernst.

Erikas Augen wurden größer, wie immer, wenn nach ihrer Meinung etwas nach Affäre, der Königsklasse aller Beziehungsprobleme, roch. »Komm, erzähl schon«, drängte sie, »ich bin von Heiner einiges gewohnt.«

»Ich mache mir so meine Gedanken über einige Vorkommnisse in letzter Zeit.«

»Vorkommnisse?« Erika sah sie aufmunternd an.

»Einige Tage vor Walters Abreise habe ich an seinem Jackett zwei lange schwarze Haare entdeckt. Ich kenne niemanden, von dem sie stammen könnten. Dann habe ich gestern seinen Ehering gefunden. Er liegt auf der Fensterbank hinter einer Pflanze in der Küche. Wahrscheinlich ist das Wasser des Bodensees auch für seinen Ehering zu gefährlich«, spottete sie. »Vielleicht ist Walter aber gar nicht am Bodensee«, fuhr sie nachdenklich fort. »Das Beste kommt nämlich noch!«

Erika sah sie mit großen Augen an. Sie hatte ihre Pasta vergessen und hing an Susannes Lippen.

»Vor zwei Wochen erschien bei mir im Reisebüro eine Frau, etwa Mitte dreißig und ganz zufällig mit langen schwarzen Haaren. Sie erkundigte sich nach Einzelheiten einer Urlaubsreise nach Südfrankreich für sich und ihren schwerhörigen Freund. Zum gleichen Zeitraum, in dem Walter angeblich seinen Freund am Bodensee treffen will. Auch ganz zufällig?«

Susanne nahm einen Schluck Rotwein und sah Erika fragend an. »Ziemlich viele Zufälle«, meinte diese knapp. Sie nahm ihre Gabel in die Hand wie eine Hiebwaffe und fragte: »Was willst du denn jetzt tun?«

Bevor Susanne antworten konnte, erkundigte sich Salvatore, der aufmerksame Kellner, ob alles in Ordnung sei. »Cara Signora«, fragte er, »sind Sie zufrieden? Fehlt etwas? Sagen Bescheid bitte!« Erst als beide Frauen das Essen überschwänglich lobten, zog er sich zurück.

»Was ich jetzt tue?«, nahm Susanne den Gesprächsfaden wieder auf. »Nichts, erst einmal nichts. Ich stelle mich ahnungslos und beobachte, was er noch alles anstellt.«

»Oder willst du dir einen Liebhaber zulegen, sozusagen als strafender Ausgleich? Mir fallen da gleich zwei Aspiranten ein!«, bohrte Erika neckisch weiter. Es gehörte zu ihren Lieblingsbeschäftigungen, Leute miteinander zu verkuppeln. Entweder nur gedanklich im Gespräch als Zeitvertreib oder real im echten Leben, wie es ihr in einem Falle tatsächlich gelungen war.

»Erika, natürlich nicht, dafür hätte ich überhaupt keine Zeit«, antwortete Susanne sofort. »Und auch keine Lust«, schob sie hinterher. Sie wollte das Gespräch in eine andere Richtung bringen und wusste auch, worauf Erika am sichersten anspringen würde. »Erzähle mir lieber von Heiner. Was ist denn die neueste Verkleidung, in der er dich überrascht hat?«

Erika seufzte traurig. »Weißt du«, sagte sie, »das ist alles schön und gut und macht auch Spaß, aber seit einiger Zeit bleibt es dann regelmäßig bei dieser Maskerade. Dem Vorspiel folgt kein Nachspiel. Er benutzt seinen Penis nur noch als bequemen Urinauslauf, der ihm das Pinkeln im Stehen ermöglicht.«

∞

Walters Rückfahrt vom Bodensee nach Hause verlief ohne besondere Ereignisse. Noch in der Schweiz kaufte er mit seinen restlichen Schweizer Franken sogenannte Apfelwähen, einen für den Bodensee typischen Blechkuchen, als Wegzehrung für unterwegs. Auf dem weiteren Weg musste einmal der Tank seines Wagens gefüllt und zweimal seine Blase bei kurzen Stopps geleert werden.

Die Tage mit Michael hatten ihm gutgetan. Die Kommunikation mit ihm wurde durch zahlreiche Ruhephasen unterbrochen, in denen Michael für seine Auftraggeber am PC arbeitete. Als Schwerhöriger wusste Walter die Stille zu schätzen. Dies klingt für Normalhörende vielleicht paradox. Vermitteln Geräusche doch Informationen und bereiten oftmals ästhetisches Vergnügen. Für sie ist Stille neutral und wird mit Leerlauf gleichgesetzt. Allerdings hatte auch die Stille für Walter ihre Tücken und besaß einen Namen: Tinnitus. Bei normalen Alltagsgeräuschen lauerte dieser ständige Begleiter im Hintergrund und war kaum wahrnehmbar. Trat jedoch Stille ein oder entfernte man die Hörhilfen, rückt er penetrant in den Vordergrund. Walter vernahm dann ein an- und abschwellendes Rauschen von vorbeifahrenden Güterzügen, wie es Anwohner eines stark frequentierten Bahnhofes erdulden müssen.

Walter hatte seine Rückfahrt beizeiten angetreten und einem mäßigen Samstagsverkehr seine frühe Ankunft verdankt. Die Ridgeback Hündin Kumba saß mitten im Flur, als er das Haus betrat, und schaute ihn mit einem Blick an, als müsse sie überlegen, sich über die Rückkehr des Dosenöffners zu freuen oder die Anwesenheit des kleinkarierten Befehlsgebers zu bedauern. Schließlich kam sie doch schwanzwedelnd auf ihn zu, um die von seiner Reise mitgebrachten neuen Geruchseindrücke aufzunehmen. Susanne war nicht zu Hause.

In seinem Arbeitszimmer lag seine Post der vergangenen Woche und ein Schreiben von Susanne mit folgendem Inhalt: ›Hallo, Schatz, ich bin bei Angelika in Dortmund und übernachte dort. Wenn du schon am Samstag zurückkommst, sehen wir uns erst am späten Sonntagmorgen. Kuss Susanne. PS: Roland hat einen Schlüssel und kümmert sich um den Hund.‹

›Schade‹, dachte sich Walter enttäuscht. Jetzt hatte er sich bei der Rückfahrt beeilt, um mit seiner Frau einen gemütlichen Samstagabend zu verbringen, und nun war sie gar nicht da.

Er packte sein Reisegepäck aus, legte die Sachen sorgfältig an ihren Bestimmungsort und machte einen Kontrollgang durch das Haus. Im Schlafzimmer bemerkte er Susannes zerwühlte Bettseite. Sie hatte noch nie viel vom Bettenmachen gehalten. Ungemachte Betten seien angeblich besser gegen Milben war ihr Argument, weil die Tierchen kein trockenes Klima mögen. Für ihn war das eine billige Ausrede, bis er im Internet herausgefunden hatte, dass dies nicht so falsch war. Trotzdem machte er das gemeinsame Bett jeden Tag mit großer Sorgfalt.

Dann bereitete er sich einen Kaffee, zündete sich eine seiner seltenen Zigaretten an, schrieb eine WhatsApp an Susanne, dass er bereits zu Hause sei, und schaltete den PC ein. Neben zahlreichen Werbemails, die einen Bogen um den Spamfilter gefunden hatten, entdeckte er eine Mail von Nicole. Die Nachricht war schon drei Tage alt. Nicole lud ihn zu einem französischen Abend in einem Weindepot für Samstagabend um 18 Uhr ein. Rot- und Weißweine aus der Provence würden verkostet und zu essen gäbe es auch etwas. Sie hatte mit einer zweiten Mail an diesem Morgen an die Beantwortung der ersten Mail erinnert und um eine kurze Antwort gebeten.

Walter runzelte die Stirn. Eigentlich stand ihm der Sinn nach der langen Autofahrt nicht danach, nochmals in den Wagen zu steigen. Er war auf einen kuscheligen Abend mit Susanne eingestellt. Ihm hatte ihre wärmende Nähe, ihre betörende Stimme und der Duft ihrer Haut gefehlt. Aber jetzt war sie gar nicht da. Was sollte er stattdessen tun? Den Abend alleine vor dem Fernseher verbringen? Da erschien ihm der Gedanke an einen Ausklang seiner kleinen Urlaubsreise mit Wein und Imbiss reizvoller. Im Weindepot, so sagte er sich, waren weniger die Ohren als sein Gaumen gefordert. Und er ersparte sich die Zubereitung seines Abendessens. Kurz entschlossen drückte er die Antworttaste und schrieb: ›Liebe Nicole, danke für die Einladung, die ich soeben nach meiner Rückkehr gelesen habe. Ich komme gerne gegen 18 Uhr ins Weindepot. Schönen Gruß, Walter.‹

∞

Das Weindepot am nördlichen Stadtrand von Münster, in dem die Verkostung stattfand, war Walter neu. Er bezog seinen Wein von einem Händler in seinem südwestlichen der Stadt gelegenen Wohnviertel, konnte dort bequem parken und war ein gern gesehener Stammgast. Als er mit dem Taxi zur vereinbarten Zeit vorfuhr, prasselte just ein Regenschauer aus den tief hängenden Wolken und überschwemmte den Eingangsbereich des Weindepots. Es war in einer ehemaligen Scheune untergebracht, die für ihre neue Bestimmung aufwendig umgebaut worden war und in ihrem Innern viel Platz für die Präsentation von französischem Wein, Spirituosen und artverwandten Genussmitteln bot. Dem Gebäude war Holz als dominierender Baustoff erhalten geblieben, was der Akustik zugutekam und für eine heimelige, verkaufsfördernde Atmosphäre sorgte. Zahlreiche indirekte Lichtquellen verstärkten diesen Eindruck.

Walter fühlte sich sogleich wohl. Er ließ seinen Blick auf der Suche nach Nicole durch die Räumlichkeit schweifen. Sie war nicht zu sehen. Keiner der etwa vierzig anwesenden Gäste, die in kleinen Gruppen plaudernd zusammenstanden oder einzeln, mit dem Begrüßungstrunk in der Hand, den Auslagen ihre Aufmerksamkeit schenkten, war ihm bewusst bekannt. Eine weiß bekittelte Servicekraft mit einem Tablett gefüllter Sektgläser steuerte auf ihn zu, als er von hinten ein »Ahoi, Seefahrer« vernahm. Es war Nicole, die sowohl ihn wie auch die Depotmitarbeiterin anlächelte und eines der angebotenen Sektgläser nahm.

»Mon cher«, strahlte sie, »das ist das richtige Getränk, um deine glückliche Rückkehr zu feiern. Ich dachte schon, du wärst ertrunken, hast nicht geantwortet unterwegs auf meine Mail!«

»Wegen des gefährlichen Seegangs auf dem Bodensee habe ich mein Handy zu Hause in Sicherheit gelassen«, scherzte Walter. »Und außerdem liebe ich handyfreie Urlaube.«

Ihr Geplauder wurde vom Depotinhaber unterbrochen, der die auffallendste Erscheinung unter den Anwesenden war. Dessen respektabler Schnurrbart hatte sich einen Kopf wachsen lassen, der prall und rot wie eine Tomate wirkte, mit langen hängenden Haaren obenauf statt des sprießenden Grüns beim Gemüse. Sein Bauchansatz unterm Kinn unterstrich die Annahme, dass er selbst sein bester Kunde war.

Nach seinen Begrüßungsworten drängte Nicole, dass Walter ihr von seinem Urlaub erzähle. Sie wollte wissen, was er mit seinem Freund unternommen hatte, wie es mit der Verständigung klappte und ob, sie schaute ihn dabei kokett an, er seiner Frau auch treu geblieben sei.

Zwischendurch probierten sie die angebotenen Weine und stärkten sich mit Fingerfood.

»Dieser Le Bruin ist besonders gut«, bemerkte sie anerkennend, nachdem eine neue Sorte gereicht worden war. »Wie sagt man im Deutschen?« Sie schnippte mit dem Finger und verlor ihren Blick an die Decke. »Ein Kassenschmeichler, stimmts?«

Walter schaute im ersten Moment ratlos, gluckste dann belustigt und meinte: »Du redest bestimmt von einem Gaumenschmeichler. Kassenschmeichler ist aber auch nicht schlecht, jedenfalls für den Weinhändler.«

Walter hob das Probierglas vor seine Augen, begutachtete den Rotwein, dessen tiefe, intensive Farben an glühende Kohlen erinnerte, schwenkte das Glas und nahm das Bukett des Weins mit der Nase auf, bevor er den ersten Schluck machte.

»Kann man trinken«, kommentierte er knapp. Auf ihr indigniertes Gesicht hin ergänzte er: »Das ist das größte Lob des Münsterländers. Der ist wirklich gut. Bevor wir gehen, kaufe ich ein paar Flaschen.«

Nicole stupste Walter an und wies unauffällig auf einen Gast hin, der gerade das halbe Fingerfoodtablett auf seinen Stehtisch abgeladen hatte und seine Beute mit leuchtenden Augen begutachtete.

»Ja ja«, brachte es Walter kopfschüttelnd auf den Punkt, »den Charakter eines Menschen erkennt man am besten in Extremsituationen und wenn es etwas umsonst gibt.«

»Umsonst ist falsch.« Nicole sah ihn verschmitzt an. »Ich habe Eintritt bezahlt. Schließlich will ich mit dir etwas feiern.«

»Feiern?«, wiederholte Walter erstaunt.

»Oui, ich habe die Arbeit an meiner Buchübersetzung abgeschlossen und der Verlag hat sein d'accord erteilt.« Ihr Blick wanderte von Walter zu den Gästen weiter hinter ihm.

»Aber entschuldige«, sagte sie plötzlich hastig, »ich gehe mal schnell zur Toilette.«

Es dauerte einige lange Minuten, bis sie zurückkam. Währenddessen hatte Walter ihre beiden Gläser mit dem Gaumenschmeichler nachfüllen lassen.

»Hast du dich in der Zwischenzeit gut unterhalten?«, fragte sie unsicher.

»Ich habe auf dich gewartet und uns noch mal deinen Lieblingswein besorgt. Ist alles okay?« Ihr angespanntes Gesicht irritierte ihn.

»Ich glaube, ich sollte lieber nach Hause fahren. Mir ist malade. Tust du mir einen Gefallen und bringst mich?«

Nicole machte auf Walter eher einen gehetzten als einen kranken Eindruck. Kaum hatte er »Ja, sicher«, geantwortet, nahm sie seinen Arm und zog ihn aus dem Weindepot. Der Regen hatte nachgelassen. Nur eine kaum wahrnehmbare Feuchtigkeit stand wie feine Spinnweben in der Luft.

»Die frische Luft tut gut.« Nicole atmete erleichtert auf. Walter winkte einem auf Fahrgäste wartenden Taxi zu und sie stiegen ein. »Das ist ärgerlich, diese Kreislaufprobleme habe ich in letzter Zeit öfter.« Nicole schaute ihn entschuldigend von der Seite an.

»Was ist denn los? Bist du etwa schwanger?«

»Schwanger?«, wiederholte sie mit aufgerissenen Augen. »Ich und ...« Ihre weiteren Worte wurden von einem Lachen ertränkt, dass die Vokale wie Pingpongbälle durch den Wagenfond kullerten und der Taxifahrer sich besorgt nach ihnen umschaute. »Nein«, fuhr sie mit fester Stimme fort, als sie sich beruhigt hatte, »ich fühle mich nur unwohl.«

Kurz bevor sie die Fußgängerzone erreichten, die in der Nähe von Nicoles Wohnung lag, fragte sie mit einem bettelnden Unterton: »Du wirst mich doch bitte bis zur Wohnung bringen?!«

»Mir scheint, dir geht es schon deutlich besser. Die letzten Meter schaffst du bestimmt alleine.«

»Bitte, Walter, sei ein Kavalier«, schmollte sie.

Walter hatte eigentlich nicht vor, den Abschied zu verzögern, zumal er im Taxi einen sich verstärkenden Druck auf seine Blase gespürt hatte. Die Viertelstunde Fahrt bis zu ihm nach Hause würde sehr unangenehm werden. Daher entschied er sich, ihrem Drängen nachzugeben.

»Aber nur, wenn ich kurz deine Toilette benutzen darf.«

Nicole bezahlte eilfertig den Fahrer, gab ihm, wenn er es akustisch richtig mitbekommen hatte, ein übertrieben großzügiges Trinkgeld, stieg mit Walter aus und hakte sich bei ihm unter.

»Es geht mir auch schon besser.« Sie lächelte ihn an.

Walter hegte den leisen Verdacht, in ihrem Blick einen Anflug des Triumphs erkennen zu können.

In ihrer Wohnung angekommen, suchte er sofort die Toilette auf. Er hatte sie bereits einmal vor Wochen genutzt. Sie erschien ihm unverändert in einer lasziven Unordnung, war aber sauber und roch nach ihrem Parfüm. Neugierig öffnete er eine nicht ganz geschlossene Schublade unterhalb des Waschbeckens, die ihm bei der Verrichtung seines kleinen Geschäfts aufgefallen war. Was er sah ließ seinen Blick erstarren. Zwischen Kunststoffdildos unterschiedlicher Größe blinzelte ihm polierter Edelstahl von mehreren Handschellen entgegen. Silikonummantelte Liebeskugeln mit einem langen Band, das der Rückholung nach getaner Arbeit dienen dürfte, lagen neben einem originalverpackten Artikel mit der Aufschrift ›Womanizer Wave‹ und einer großen Tube, deren Etikett ›Frecher Feuchtmacher‹ Rückschlüsse auf den Inhalt zuließ.

Walter schob langsam die Schublade in ihre ursprüngliche Stellung zurück. Erinnerungen an seine Sturm- und Drangzeit wurden wach. Wilde Fantasien ließen sein Herz so laut pochen, dass er glaubte, sein Gehör wiedergefunden zu haben. ›Du musst aufpassen, was du jetzt machst‹, sagte er sich.

12. Drei Frauen in der Cocktailbar

Es war zur gleichen Zeit.

Susanne hielt eine frisch zubereitete Piña colada in der Hand und prostete ihren beiden Freundinnen Angelika, bei der sie übernachten würde, und Kerstin zu. Auch sie hatten sich für das karibische Getränk entschieden, das im Silbermond, der Cocktailbar des Hotel Solamar, von Augusto in angeblich unvergleichlicher Perfektion zubereitet wurde.

Angelika war bis zu ihrer Heirat und dem Umzug nach Dortmund Susannes wichtigste Mitarbeiterin gewesen. Die Ehe hielt nur wenige Jahre, was nicht an ihrer wunderbaren Stimme, dem schönen Busen und dem frischen Teint, der die Vierzigjährige um etliche Jahre jünger machte, gelegen haben konnte. Auch Angelikas blonde Freundin Kerstin war unbemannt, was nicht sonderlich verwunderte. Flach wie eine Tischtennisplatte und ausgestattet mit dem Charme einer Intensivemanze hatte sie schon früh den Weg einer Vollzeitnörglerin gewählt und diese Tätigkeit in den Jahren immer weiter ausgebaut. Dies konnte kein Partner aushalten. Sie hatte keine Beziehungen gehabt, sondern nur Krisen. Susanne war es ein Rätsel, warum Angelika mit so einer anstrengenden Person überhaupt befreundet war. Das Einzige was ihr zum Vorteil gereichte war ein wacher Verstand und ein überquellendes Bankkonto.

»Und du willst Walter bei seiner Rückkehr wirklich nicht zur Rede stellen?« Kerstin schaute Susanne ungläubig an.

»Doch, aber ich werde ein paar Tage warten, zumindest bis nach meinem Geburtstag. Vielleicht ergreift er ja die Initiative. Möglicherweise klärt sich ja auch alles auf. Eine Affäre passt eigentlich gar nicht zu ihm. Wenn er in den nächsten Tagen nichts sagt, dann verlange ich von ihm Aufklärung«, war Susannes Antwort.

»Du bist eine nachsichtige Ehegattin. Ich in so einer Situation würde sofort in ein Hotel ziehen und meinen baldigen Auszug vorbereiten.«

Angelika schüttelte den Kopf. »So wie ich Walter kenne, kann ich mir nicht vorstellen, dass er die Beziehung zu dir beenden will. Ich denke, er liebt dich wirklich und wenn er fremdgehen sollte, sucht er bestimmt nur etwas Abwechslung aus Langeweile. Hast du dich vielleicht in letzter Zeit zu wenig um ihn gekümmert?«

Susanne legte das Schälchen mit dem Knabbergebäck, von dem sie genascht hatte, auf den kleinen Beistelltisch zurück, rutschte mit einem Anflug von Schuldbewusstsein auf die Vorderkante ihres trendigen, aber wenig bequemen Sessels und meinte sorgenvoll: »Das habe ich mich auch schon gefragt. Walter macht nach seiner vorzeitigen Pensionierung eine schwierige Phase durch und hat sein inneres Gleichgewicht noch nicht gefunden. Ich sollte ihn mehr in meine Freizeitaktivitäten integrieren, auch wenn das mit seiner Hörbehinderung und seiner kleinlichen und aufbrausenden Art, Gespräche zu führen, nicht einfach ist.«

Susanne fuhr fort, ihre Seelenlage offenzulegen. Es war, als hätte sie die erste Olive aus einem Glas gerüttelt, worauf alle anderen herauspurzelten. »Am Anfang war das wie bei vielen anderen Beziehungen auch. Man findet den Partner supertoll und schwelgt im Glück. Später entdeckt man dann die verborgenen unangenehmen Marotten und Macken und manchmal will man den Partner sogar auf den Mond schießen.«

»Das kenne ich«, warf Kerstin ein, »habe ich zur Genüge gemacht.«

»Was ich vermeiden will«, antwortete Susanne. »Die Partnersuche hat doch Ähnlichkeit mit der Auswahl eines Kleides für ein großes Fest. Du stehst vor dem Kleiderschrank und überlegst dir genau, was zu dem Anlass passt. Dann entscheidest du dich für ein Kleid, was dir gefällt. Danach gehst du zu der Feier und läufst nicht mehr zurück, um das Kleid zu wechseln.«

Angelika nickte zustimmend und sagte mit einer Wärme in der Stimme, zu der nur eine besonders gute Freundin fähig ist: »Und du willst dein Leben mit Walter feiern, auch wenn das Kleid manchmal zwickt. Gut so. Mach nicht den gleichen Fehler, den ich gemacht habe.«

Susanne nickte unmerklich. »Ich will mich auch gar nicht trennen. Er ist der liebevollste und zuverlässigste Mann, den ich kenne. Seine Gegenwart gibt mir Halt und macht mich glücklich. Ich liebe ihn einfach und glaube immer noch nicht, dass er überhaupt eine Affäre hat«, meinte Susanne abschließend.

Die Freundinnen ließen schweigend das Gesagte auf sich wirken. Sogar Kerstin hielt sich mit einem ihrer bissigen Kommentare zurück. Die dezente, chillige Hintergrundmusik wurde von Augusto übertönt, der angesichts der leeren Cocktailgläser fragte, ob die drei Frauen einen Wunsch hätten. Kerstin bestellte auf ihre Rechnung drei weitere Cocktails, während Susanne auf das Vibrieren ihres Handys reagierte. Es war Ilona, eine Freundin aus ihrem Gymnastikkurs, mit der sie gelegentlich Hundespaziergänge unternahm.

»Hallo, Ilona«, meldete sich Susanne. »Was gibt es? Willst du dich für morgen mit unseren Hunden verabreden?«

»Nein, morgen kann ich leider nicht«, antwortete Ilona. »Schade, dass wir uns nicht heute Abend sehen«, kam sie auf den Zweck ihres Anrufes zu sprechen.

»Ich dachte, du wärst auch hier bei der Verkostung im Weindepot, nachdem ich deinen Mann gesehen habe. Vielleicht täusche ich mich auch. Ich kenne ihn ja nicht so gut.«

»Nein, ich bin in Dortmund und mein Mann ist ...,« Susanne stockte verunsichert, »er ist jetzt im Weindepot?«, fragte sie ungläubig.

»Jetzt nicht mehr, er war in Begleitung einer Schwarzhaarigen hier, die ich nicht kenne. Beide sind vor wenigen Minuten gegangen, obwohl die Weinprobe noch läuft.«

Susanne stockte der Atem. Sie versuchte die Unsicherheit in ihrer Stimme mit einer Spur Ironie zu übertünchen: »Danke, dass du so nett aufpasst, aber es ist alles in Ordnung.«

Susanne saß wie erschlagen in ihrem Designersessel. Angelika und Kerstin hatten genug mitbekommen, um die Situation zu erfassen.

»Dann ist es wohl doch wahr«, flüsterte Susanne mit Tränen in den Augen. »Ich glaube, ich brauche jetzt einen Schnaps«, sagte sie zu dem Kellner, der die bestellten Cocktails brachte. Angelika löste sich aus ihrem Klubsessel, hockte sich neben Susanne und nahm sie in die Arme. »Die Wahrheit ist eine Nadel, die sticht, aber jetzt haben wir wenigstens Gewissheit«, murmelte sie.

13. Ein seltsamer Urlaubsausklang

Nicole war nicht untätig gewesen.

Als Walter, aufgewühlt von den entdeckten Utensilien in Nicoles Toilette, in ihr Wohnzimmer trat, füllte sie gerade das zweite Sektglas und reichte es ihm behände.

»Wir müssen doch noch auf meine erfolgreiche Buchübersetzung anstoßen.«

»Ich denke, dir ist nicht wohl«, neckte er sie.

»Ist schon deutlich besser geworden«, gab sie lächelnd zurück.

»Aber nur einen Schluck.«

»Natürlich, nur einen Schluck. Du musst ja noch in der Lage sein, von einem Taxi mitgenommen zu werden.«

Walter entschied sich, seinen inneren Widerstreit zwischen Bleiben und Gehen, beflügelt von seinen erotischen Vorstellungen, in ein Abwarten aufzulösen.

»Jetzt bin ich doch nicht mehr dazu gekommen, deinen Kassenschmeichler im Weindepot mitzunehmen«, gestand er, um irgendetwas zu sagen und um Zeit zu gewinnen.

Er nahm einen weiteren Schluck, versuchte seine Verlegenheit zu verbergen und trat zu dem bodentiefen Fenster mit Blick auf die Hafensilhouette. Die beginnende Nacht hatte das Hafenbecken schwarz gefärbt. Nur vereinzelte Lichtreflexe aus den anliegenden Gebäuden spiegelte sich auf dem kaum bewegten Wasser. Wegen des Nieselregens waren nur wenige Passanten zu sehen. Leise Musik erfüllte den Raum und er erkannte die Stimme von Gilbert Bécaud.

Sie kam mit der Sektflasche in der Hand an seine Seite, lehnte sich an ihn und hörte mit ihm gemeinsam die Musik. Er genoss das kühle Getränk und die Wärme ihrer Nähe. Burleske Gedanken flatterten in sein Gehirn, zerrten an seiner Konzentration und ebneten den Weg zu einer matten Leichtigkeit. Das Odeur ihres Parfums erinnerte ihn an seinen kurzen Toilettenbesuch, an das, was er dort vorgefunden hatte.

»Magst du französische Chansons?«, unterbrach Nicole seine Fantasien und rückte noch etwas näher zu ihm.

»Durchaus«, antwortete Walter. »Aber ich höre selten Musik, du weißt schon«, und zeigte auf seine Ohren. Nicole füllte abermals sein Glas, was er mit einem stillen Seufzer kommentierte.

»Wie findest du meine Wohnung?«, fragte sie unvermittelt.

»Na, ja; der Ausblick ist toll, nur die Einrichtung ist etwas puristisch.« Walter ließ seinen Blick durch die kleine Wohnung schweifen. Es war nur das allernotwendigste Mobiliar vorhanden. Einige Umzugskartons, Plastikboxen und Kleider auf einem mobilen Ständer warteten darauf, ausgepackt und in Schränke eingeräumt zu werden. Seit seiner ersten Französischstunde hatte sich nichts geändert.

»Nicht puristisch, sondern terrible«, korrigierte sie. »Aber du wirst meine Wohnung in einer Woche nicht wiedererkennen. Ich habe eingekauft in einem Einrichtungshaus und ich habe ein Anliegen an dich.«

»Lass mich raten, du brauchst Hilfe.« Walter stöhnte innerlich auf. Der Aufbau von Möbeln mit den lustigen schwedischen Namen gehörte nicht zu seinen Lieblingsbeschäftigungen.

Walter ging zu den Sitzplätzen, die sie beim Sprachunterricht nutzten. Er fühlte sich unsicher auf den Beinen. Die lange Autofahrt und der Alkohol zeigten offensichtlich Wirkung. Nicole folgte ihm.

»Nein, es ist etwas anderes«, sagte sie und setzte sich ebenfalls. »Der Verlag, für den ich die Buchübersetzung gemacht habe, zahlt das Honorar erst in etwa fünf Wochen. Für die Einrichtungsgegenstände muss ich aber kommende Woche siebentausend Euro zahlen. Daher habe ich eine große Bitte an dich. Kannst du mir das Geld leihen? Ich zahle es nach Erhalt des Honorars sofort zurück.«

Walter schaute Nicole verdutzt an. Ihre Worte brauchten einen Moment, bis sie zu den entscheidenden Windungen seines Gehirns vorgedrungen waren. Er nahm einen Schluck aus seinem Glas, um Zeit zu gewinnen. Ihm war, als hätte er einen Knoten in der Zunge. Hatte er richtig gehört? Vorhin schon meinte er ein

Schwindelgefühl bemerkt zu haben, das sich wohl auch auf seine Ohren geschlagen hatte. Als würde er alles nur noch wie durch Watte wahrnehmen. »Du meinst, ich soll dir Geld leihen?«, fragte er nach.

Sie war aufgestanden, hatte sich vor ihm auf den Boden gehockt und ihn mit ihrem typischen Gesichtsausdruck, einer seltsamen Mischung aus Demut und Arroganz, angesehen. »Nur für ein paar Tage, bitte.«

Der Sekt wirbelte in Walters Kopf und ihm schien, der Alkohol würde durch seine Blutgefäße rauschen, als seien sie ein trockenes Flussbett. So viel hatte er doch gar nicht getrunken! Zum Schwindelgefühl gesellte sich eine Leichtigkeit, die das dezente Licht in Nicoles Zimmer in geheimnisvolle Farben tauchte. Ihre Stimme klang wie aus weiter Ferne mit einer gefühlvollen Festigkeit, der zu folgen sich Walter ausgeliefert fühlte, als sie sagte: »Ich habe hier ein Schriftstück vorbereitet, damit alles klar geregelt ist« und zog es wie aus dem Nichts zusammen mit einem Kugelschreiber hervor. »Du brauchst nur noch zu unterschreiben.«

∞

Wenn der Tanz der Fantasien aus umnebeltem Geist auf geheimnisvollen Pfaden Geschichten und Bilder aus der Tiefe der Seele zaubert, wenn ein Meer aus Emotionen, wellenartig Gefühle und Gedanken aus Erinnerungen und Wünschen neu entfacht, dann mischt ein Traumland Realität und Illusion.

Walter war plötzlich wie ausgeschaltet auf seinem Sofa bei Nicole eingeschlafen. So tief wie sein Schlaf war, so mühsam nur konnte er beim langsamen Erwachen die Traumfetzen, wie bei einem Puzzle, bei dem nur wenige Teile zueinanderpassten, zusammenfügen. Er war mit Susanne auf einem Kreuzfahrtschiff gewesen, das, für die Ozeane dieser Welt gebaut, auf einem großen Fluss, der Loire, schwamm. Liebliche Landschaften waren an ihnen vorbeigezogen, während sie sich auf einer Liege und in Begleitung eines Cocktails der süßen Leichtigkeit des Nichtstuns hingegeben hatten. Eine Stewardess, in den blau-gelben Farben der Reederei gekleidet, mit Nicoles Gesicht war zielstrebig auf sie zugesteuert und hatte Susanne gebeten, ihre Liege zu räumen, da der Rest des Tages für den Französischunterricht vorgesehen sei.

Als Walter noch im Halbschlaf gedanklich bei Nicole verweilte, meldete sich seine volle Blase mit der ihr eigenen Hartnäckigkeit. Sie beschleunigte sein Aufwachen und den Wechsel in die Realität, wo er zudem von Kopfschmerzen und einem trockenen Mund empfangen wurde. Mühsam versuchte er die letzten wachen Minuten des vergangenen Abends zu rekonstruieren. Es gelang ihm nicht. Klar war nur eins: Er war immer noch bei Nicole und saß in dem kleinen Sessel, in dem er sich wegen der Schwindelgefühle, die ihn überfallen hatten, gesetzt hatte.

Fahles Mondlicht lag auf dem Zimmer. Nicole war

nicht zu sehen, wahrscheinlich schlief sie im angrenzenden Schlafzimmer. Walter löste sich umständlich aus dem Sessel, stakste zur Toilette, erleichterte sich und ging wieder in das kleine Wohnzimmer zurück. Dann trat er ans Fenster und schaute auf das dunkle Wasser des Hafenbeckens. Es war kurz vor vier Uhr.

Was war vor seinem Einschlafen passiert? In seinem Kopf jagten einander die Gedanken mit derselben Ergebnislosigkeit, mit der seine Hündin gelegentlich um sich selbst drehend versuchte, ihren Schwanz zu fangen. Wollte Nicole sich von ihm Geld leihen? Er konzentrierte sich, um seine Gedanken zu ordnen. Ja, nur für kurze Zeit sollte es sein, aber er wusste den Betrag nicht mehr. Warum konnte er sich nicht erinnern? Er hatte doch gar nicht so viel getrunken.

Er checkte seine persönlichen Gegenstände. Portemonnaie, Handy und Schlüsselbund waren da. Was sollte er jetzt tun? Immer noch schwindelig und mit Kopfschmerzen verließ er lautlos die Wohnung, ging zu einem nahe gelegenen Taxistand und ließ sich nach Hause fahren.

Dort angekommen, nahm er eine Tablette gegen seine Übelkeit, die sich anfühlte, als wenn er eine Flasche Lebertran auf Ex getrunken hätte. Er zog seine Kleider aus in der Hoffnung, seine wirren Gedanken ignorieren zu können und noch etwas zu schlafen. Als er routinemäßig zu den Ohren griff, um die Hörhilfen abzulegen, bemerkte er es: Sein linksseitig getragenes Hörgerät fehlte.

∞

Susanne kam wie angekündigt am späten Sonntagvormittag nach Hause. An ihrem Vorsatz, Walters offensichtliche Affäre nicht sofort anzusprechen, wollte sie festhalten. Zumindest ihr Geburtstag am kommenden Mittwoch sollte möglichst ungetrübt mit Familie und einigen Freunden gefeiert werden. Sie versuchte daher, sich nichts anmerken zu lassen und begrüßte ihn in der ihr möglichen Herzlichkeit.

»Ich mache uns einen Kaffee und du erzählst mir wie deine Urlaubswoche war«, sagte Susanne.

Sie hatte unruhig geschlafen und war gespannt, was er ihr jetzt auftischen würde. Unauffällig musterte sie ihn und bemerkte eine gewisse Angespanntheit, ja auch eine Verkrampfung in seinen Bewegungen. Walter wartete, bis das Mahlwerk des Kaffeeautomaten ein Gespräch gestattete. Sein verloren gegangenes Hörgerät hatte er nach dem Aufstehen an diesem Morgen durch ein altes Modell, welches er in Reserve hielt, ersetzt. Es war weniger leistungsfähig, besaß eine veraltete Feinabstimmung und erschwerte dadurch das korrekte Hören. Als der Kaffeeduft die Küche erfüllte, holte er aus dem Kühlschrank die Reste des auf der Rückfahrt gekauften Blechkuchens und stellte ihn zusammen mit Sprühsahne auf die kleine Küchenbar, die das Esszimmer von der offenen Küche trennte.

»Das sind Apfelwähen«, erklärte er mit einem Lächeln, »ein für den Bodensee typischer Kuchen, der mit einem Guss aus Eiern und Rahm überbacken ist.«

Susanne sah auf den Kuchen und schwieg. Bei ihr konkurrierten zwei Gefühle miteinander: Ihr spontaner Ärger über die offensichtliche Dreistigkeit seiner Erklärung und so etwas wie Bewunderung über die Nonchalance, mit der er seine Mogelei überdeckte.

Walter ging bei seiner Erzählung über die Segeltour chronologisch vor. Von der Hinfahrt, die vielen Gespräche mit Michael, die verständigungsmäßig gut verliefen, das Leben auf dem engen Boot, die zahlreichen Besichtigungen und vielfältigen Eindrücke bis hin zur Rückfahrt. Nur eine Sache ließ er völlig außen vor: die Begegnung mit Nicole. Er erwähnte nicht den Besuch im Weindepot, seine Stippvisite in ihrer Wohnung, seine Erinnerungslücke und den Verlust seines Hörgeräts.

»Nun ja«, schloss er, »ich bin noch ein wenig gerädert von dem Abschiedsabend bei Michael und der gestrigen Autofahrt. Er lässt dich übrigens grüßen und will uns spätestens im nächsten Jahr besuchen.«

Susanne gingen immer noch ihre widerstreitenden Gefühle durch den Kopf. Alles, was Walter erzählte, klang so überzeugend. ›Wenn ich nicht so gut wie sicher wüsste, dass alles nicht stimmt‹, sagte sie sich.

14. Walter geht ein Licht auf

Es war der Morgen des nächsten Tages, ein Montag.

Walter begann mit dem üblichen Ablauf, der fast schon rituelle Bedeutung gewonnen hatte. Susanne war wie gewohnt nur mit einer Tasse Kaffee und einem Knäckebrot im Magen ins Büro gefahren. Er selbst hatte seine Weißbrotschnitte mit Schwarzbrot, Gouda Käse und Milchkaffee gefrühstückt, die Zeitung gelesen und war jetzt mit seiner Actionliste beschäftigt. Sie hatte drei Eintragungen von Susanne erfahren, die mit ihrer Geburtstagsfeier in zwei Tagen zu tun hatten. Im Baumarkt sollte er zwei Stehtische besorgen und von der Gärtnerei Gartendekoration abholen. Außerdem musste die Terrasse gesäubert werden, auf der die Stehtische ihren Platz finden sollten. Sein wichtigster Punkt auf der Liste war ein Anruf bei Nicole, ob sie sein abhandengekommenes Hörgerät gefunden hatte.

»Bonjour mon ami, wie geht es dir?«, sprudelte es aus ihr heraus. »Ich habe deinen Anruf erwartet. Warst plötzlich sehr müde, dann verschwunden, aber hast etwas dagelassen.«

Walter atmete erleichtert auf. »Du hast mein Hörgerät gefunden?«

»Ja, habe ich, was machst du nur ohne die Frauen? Oder brauchst du uns gar nicht. Du kannst ja telefonieren.«

»Ich habe einen Ersatz, der ist aber nur notdürftig. Daher würde ich mein Hörgerät gerne heute bei dir abholen.«

»Wir können uns in der Innenstadt treffen. Ich bin dort den ganzen Tag unterwegs.«

Sie vereinbarten, sich auf einen Kaffee in der Nähe des Marktplatzes zu treffen. Walter war dies lieb. Er wollte nach dem mysteriösen Abend bei Nicole ihre Wohnung nicht mehr betreten und auch den Sprachkurs nicht mehr fortsetzen.

Nicole kam mit viertelstündiger Verspätung zum vereinbarten Treffpunkt. Sie trug einen Trenchcoat und erstmals Jeans, in denen sie sich anmutig bewegte und ebenso attraktiv aussah wie in ihren kurzen Röcken.

»Einen Cappuccino bitte für mich«, bestellte sie im Vorbeigehen an der Theke und wirkte wie die Freundlichkeit in Person, als sie sich lächelnd an Walters Tisch setzte.

»Hier hast du dein Hörgerät.«

Sie reichte es ihm in einem zusammengefalteten Tuch aus ihrer Handtasche.

»So«, meinte sie, »jetzt bist du wieder komplett«, nachdem Walter die Geräte ausgetauscht hatte. »Was machst du nur ohne uns Frauen?« Dann fragte sie ohne Übergang: »Hast du das Geld schon überwiesen oder willst du es mir bar geben?«

Walter antwortete darauf mit einem Laut, der ebenso gut ein Wort wie ein reinigender Luftzug durch die

Nase sein konnte, und schaute verdutzt, obwohl das Thema in den dunklen Winkeln seiner Erinnerung wie eine streunende Katze umherlief.

»Die siebentausend Euro, damit ich meine Möbel bezahlen kann; nur für kurze Zeit. Ich zahle sie sofort zurück, wenn ich mein Honorar für die Buchübersetzung erhalten habe. Mon ami, schau nicht so entgeistert. Du hast es versprochen.« Und dann kam der Satz, den Walter befürchtet hatte: »Du hast es sogar unterschrieben. Ich habe dein Versprechen schriftlich.«

Walter kämpfte urplötzlich mit einem Schweißausbruch. Er suchte vergebens nach einem Tempotuch in seiner Hosentasche, um seine Stirn abzutupfen. Wahrscheinlich war die so glänzend, dass Nicole sich darin spiegeln konnte. Hilflos saugte er an seiner Unterlippe und schaute an Nicole vorbei zu dem Servicepersonal der Kuchentheke des Cafés, als wenn er von dort Unterstützung erwarten könnte, griff dann mit zittrigen Händen zu seinem Milchkaffee, verschluckte sich beim Trinken und hörte sich sagen: »Ich kann mich daran überhaupt nicht erinnern.«

Nicole nippte nur kurz an dem frisch servierten Cappuccino, griff zu ihrer Handtasche und winkte ab. »Ich muss weiter, habe noch einiges zu besorgen. Bis morgen beim Unterricht.«

»Nein, morgen nicht«, antwortete Walter. »Meine Frau feiert übermorgen mit Gästen ihren Geburtstag und ich habe vorher viel zu erledigen.«

»Bon, du bist ein hilfsbereiter Ehemann, sei auch ein zuverlässiger Ehrenmann. Meine Kontonummer hast du ja.« Sie entschwand mit einem Lächeln und ließ einen verdatterten Walter zurück.

Langsam trank er seinen restlichen Kaffee, wobei ihm verschiedene Überlegungen durch den Kopf gingen. Wenn er wirklich etwas unterschrieben hatte, war das ein gefährlicher Stolperstein. Und er traute Nicole alles zu, auch, dass sie sich in subtiler Weise an Susanne wenden würde. Mit einem stillen Seufzer stand er auf. Ein alter Wahlspruch seiner Mutter fiel ihm ein, der sich im Nachhinein schon mehrmals als richtig erwiesen hatte: Wer weiß, wofür das gut ist? ›Nee‹, dachte er, ›passt in diesem Fall ganz bestimmt nicht. Vielleicht eher der Spruch von Oscar Wilde: Am Ende wird alles gut. Wenn es nicht gut ist, ist es nicht das Ende‹.

∞

Als Walter das Café verlassen hatte, entschied er, das geplante Rasenmähen auf den nächsten Tag zu verschieben und dafür den Einkauf im Weindepot vorzuziehen. Er brauchte jetzt etwas Angenehmes, was seine angekratzte Stimmung aufbesserte. Er fuhr zu dem Weingeschäft, in dem er sich am Samstagabend mit Nicole getroffen hatte. Ihm war einer der wenigen Degustationsweine, die sie wegen ihres kurzen Aufenthalts probiert hatten, in Erinnerung geblieben. Er wusste sogar noch den Namen: Le Bruin, ein Rotwein aus der Provence.

Das Depot war an diesem späten Montagnachmittag nur von wenigen Kunden besucht. Der markante dickleibige Depotinhaber erkannte Walter als Neukunden wieder und fragte geschäftstüchtig, wie ihm die Weinprobe gefallen habe.

»Ich komme wegen eines speziellen Rotweins«, antwortete Walter. »Ich hoffe, Sie haben von dem Le Bruin noch ein paar Flaschen da.«

»Haben wir«, lachte der Depotinhaber mit gutoraler Stimme. »Der geht weg wie geschnitten Brot, probieren Sie ihn noch mal, damit Sie nicht zu wenig mitnehmen.«

Er schenkte in einem Probierglas ein und entschuldigte sich, weil er zwei neuankommende Kunden begrüßen wollte. Walter ging langsam mit dem Probierglas in der Hand an einem frei stehenden großen Weinfass vorbei zu den Holzregalen, in denen die höherpreisigen Grand Crus in betrachtungsbequemer Schräglage das Herz eines jeden Weinkenners höher schlagen ließen. Interessiert betrachtete er die Weinetiketten, die durch ihr elegantes minimalistisches Design den Flascheninhalt in den Vordergrund stellten.

»Ich fürchte, die darf man leider nicht probieren«, mutmaßte ein Kunde in Walters Alter mit mehr Gel als Haaren auf dem Kopf. Er war ebenfalls von einem Probierglas begleitet, neben Walter getreten.

»Kann ich gut verstehen«, schmunzelte Walter. »Bei

diesen Preisen. Ich denke, ich kaufe dennoch eine Flasche Château Margaux auf Verdacht. Für den Geburtstag meiner Frau.«

»Das ist aber nicht die Begleitung, mit der Sie am Samstag hier auf der Weinprobe waren?«

Walter schaute ihn erstaunt an. »Nein, nein«, erwiderte er. »Das war meine Französischlehrerin. Waren Sie am Samstag auch hier?«

»Ja, und ich habe mich gewundert, dass Sie mit Nicole so schnell wieder weg waren.«

Walters Verwunderung steigerte sich. »Sie kennen Nicole?«

Der Gelhaarige machte ein süß-säuerliches Gesicht, was erahnen ließ, dass er nicht nur Nicole kannte, sondern auch Pikantes über sie wusste. Er streckte ihm die Rechte hin. »Mein Name ist übrigens Klaus«, stellte er sich vor. »Ich möchte Sie warnen«, sagte er.

Walter stand starr vor Schock vor ihm, sein Mund geöffnet wie ein an Land verendeter Fisch. Würden jetzt seine schlimmsten Befürchtungen, die er bisher verdrängt hatte, bestätigt werden?

»Warnen?«, wiederholte Walter langsam, um den Fremden zum Weiterreden zu animieren.

»Vor etwa einem Jahr hatte ich mit ihr Einzelstunden in Französisch vereinbart. In ihrer Wohnung, obwohl dort mehr Umzugskartons herumstanden als Möbelstücke. Sie war erst kurz vorher eingezogen, hatte sie mir erklärt. Die ersten Stunden liefen auch ganz normal, wobei ich von Beginn an den Eindruck hatte, dass sie auf eine nicht gerade alltägliche Beziehung aus war. Jedenfalls hat sie es mir sehr leicht gemacht, sie ist ja nicht gerade unattraktiv. Nach nur wenigen Wochen ist die abendliche Unterrichtsstunde verlängert worden und ins Private abgeglitten. Es wurde viel Wein getrunken und ...« Klaus brach den Satz mit einer Handbewegung ab. »Jedenfalls bat sie mich, ihr für kurze Zeit Geld zu leihen für Möbel, die geliefert werden sollten. Nach meiner Überzeugung hatte ich freundlich abgelehnt, kann mich aber an den genauen Hergang gar nicht mehr erinnern. Mir war, als hätte ich einen Filmriss gehabt. Ich konnte mir das alles nicht erklären. Sie hat mir bestimmt irgendwelche K.-o.-Tropfen in den Wein gegeben. Bei der nächsten Unterrichtsstunde wollte ich sie zur Rede stellen.« Der Fremde machte eine Pause.

»Und?« Walter drängte mit finsterer Miene zum Weitererzählen.

»Dieser Abend verlief völlig anders als erwartet. Noch bevor ich sie fragen konnte, ob sie mir etwas in den Wein gegeben hatte, zeigte sie mir blaue Flecken an ihren Oberarmen. Sie behauptete, sie hätte sich gegen meine Vergewaltigungsversuche gewehrt. Dabei war sie es, die das erotische Intermezzo befeuert hatte.« Der Fremde machte wiederum eine Pause, leerte das Probierglas und fuhr fort: »Der eigentliche Clou kommt erst noch. Sie schlug vor, die ganze Angelegenheit zu vergessen, wenn ich ihr das Geld leihen würde, immerhin ein Betrag von 4.000 Euro. Mir war klar, dass ich dieses Geld nie wiedergesehen hätte. Einen fairen Deal hat sie das genannt.«

»Und wie ist das Ganze ausgegangen?«, fragte Walter.

»Wir haben uns auf die Hälfte geeinigt, obwohl ihre Anschuldigungen aus der Luft gegriffen sind, da bin ich mir ganz sicher. Aber ich wollte einfach den Ärger vermeiden, zu dem sie fähig ist. Schließlich bin ich verheiratet. Zum Glück habe ich danach nichts mehr von ihr gehört und gesehen. Bis Samstagabend bei der Weinprobe. Sie hat mich gesehen und schnell mit Ihnen das Weite gesucht. Sind Sie das nächste Opfer?«, fragte er neugierig.

»Die kleine Kanaille«, entfuhr es Walter. »Zwischenzeitlich ist sie mutiger und cleverer geworden. Bei mir geht es schon um 7.000 Euro. Mein angebliches Versprechen, ihr diesen Betrag zu leihen, hat sie sich sogar schriftlich geben lassen, behauptet sie wenigstens.«

Walter fühlte sich nach dem Gespräch in gewisser Weise erleichtert. Er war nicht der Einzige, der Nicoles Fallstricke erlegen war. Aber seine Situation hatte sich dadurch nicht gebessert. Er war unschlüssiger als zuvor, wie es weitergehen sollte.

15. Geburtstagsfeier

Der Wettergott war gnädig.

Er schenkte Susanne zu ihrem sechsundvierzigsten Geburtstag einen warmen Apriltag über den sie sich gemeinsam mit ihren dreizehn Gästen freute. Als die Besucher gegen 18 Uhr eintrafen, tauchte die Abendsonne Terrasse und Garten mit den pflanzlichen Dekorationen in ein stimmungsvolles Licht.

Susanne war schon am frühen Nachmittag nach Hause gekommen, um alles liebevoll vorzubereiten. Ein ortsansässiger Caterer hatte kurz vorher ein kalt-warmes Büfett geliefert, dessen appetitliche Aromen den Weg aus der Küche bis ins Freie fanden. Der überdachte Grillplatz im Garten beherbergte ein angezapftes Bierfässchen, Wein und alkoholfreie Kaltgetränke. Alles war fertig für die Geburtstagsfeier. Susanne hätte gerne noch weitere Freunde eingeladen, aber Walter hatte sich quergelegt. Ihm war die Feier mit der Verwandtschaft, bei der nach seiner Meinung zusammengewürfelt wird, was sonst freiwillig nie zusammenkäme, schon nervenaufreibend genug. Besonders mit den vegan lebenden Schwägerinnen von Susanne und seiner religiös motivierten Schwiegermutter tat er sich schwer. Die drei weiblichen Unermüdlichen sahen es bei solchen Zusammenkünften als ihre Aufgabe an, ihm den wahren Weg zur Glückseligkeit zu weisen, auch wenn er immer schon querfeldein unterwegs war.

Dafür hatte Susanne sich bei der Musik durchgesetzt. Als große Anhängerin der Schlagermusik dominierten bei ihrer Musikauswahl rhythmisch eingängige, leicht verständliche, alte und neue, wie für die Ewigkeit formulierte Texte, die alle philosophischen Bücher überflüssig machten. ›Live is Life ... nanananana‹ zum Beispiel. Die Klänge aus der Musikanlage legten sich wie ein breiter Teppich über den Außenbereich und wurden nur zurückgefahren, als Susannes jüngerer Bruder Friedrich, der mit dem großen ›Ich‹, um Aufmerksamkeit bat. Zusammen mit den anderen stimmte er an:

»Zum Geburtstag viel Glück!
Zum Geburtstag viel Glück!
Zum Geburtstag, liebe Susanne,
zum Geburtstag viel Glück!«

Anschließend überreichte er einen mit Geschenkpapier umhüllten Karton, der sich alleine schon durch seine pure Größe von den anderen Geschenken abhob.

»Papa hat mir auch geschenkt«, meinte Timm, der dreijährige Sohn von Friedrich, mit wichtiger Miene zu Walter, »ein Freibad.«

»Was?«, rief Walter erstaunt. »Ein ganzes Freibad? Gehst du so gerne schwimmen?«

Timms ältere Schwester Swantje lachte laut auf. »Doch kein Freibad, Onkel Walter, ein Dreirad«, prustete sie und die Umstehenden grinsten belustigt.

Walter nahm es relativ gelassen.

Friedrichs Auftritt war noch nicht beendet. Eine Geburtstagsrede folgte, die vor allem einem gefiel: ihm selbst. Sie endete mit der Feststellung: »Liebe Susanne, du bist keine sechsundvierzig Jahre alt. Du bist sechsunddreißig plus zehn Jahre Erfahrung.«

Walter war nicht ganz klar, ob dieses vordergründige Kompliment von Friedrich als eine Spitze gegen seine Schwester wegen ihres früheren freizügigen Lebenswandels gedacht war. Aber diesen geistigen Kraftakt traute Walter ihm eigentlich nicht zu.

Plötzlich rief jemand: »Es hat geklingelt!«

Susanne eilte sofort zur Haustür und Walter überkam ein ungutes Gefühl. Alle Gäste waren doch da. Er rechnete mit allem und war auf nichts gefasst. Langsam ging er ihr nach und hörte einen Überraschungsschrei. Entwarnung für Walter. Der Gedanke an Nicole wäre wohl auch zu abwegig gewesen. Es war Susannes Tochter Tessa, die ohne vorherige Ankündigung den Weg von Berlin nach Münster mit einem Pkw, der aussah, als würde er seinen Verkehrswert durch Volltanken verdoppeln können, gefunden hatte.

Walter hatte sie zuvor nur wenige Male gesehen. Er kannte sie mit langen rötlichen, leicht gelockten Haaren, die ihr bis auf die Schulter fielen und mit leuchtend blauen Augen in einem makellosen Gesicht. Genau so sah sie auch jetzt aus. Ergänzt von einem strahlenden Lächeln, das nicht von dieser Welt zu kommen schien. Eine Kopie von Susanne, nur halb so alt.

Ob ihr Begleiter zu ihr passte, wollte Walter sich noch nicht beantworten. Ein drahtiger, hochgewachsener Bursche mit weißen Zähnen wie ein Keramikwaschbecken, Typus lesender Waldarbeiter mit Bedarf an Intensivdeodorants. Der Naturkerl sah einen beim Sprechen nicht an und sprach für seine Ohren zu leise. Das reichte für die ersten Minuspunkte. Walters Vorbehalte gegenüber Fremden waren stets da, sobald er sie brauchte.

Für Susanne war der überraschende Besuch der beiden das schönste Geburtstagsgeschenk. Sie wertete dies als einen wichtigen Schritt, das angespannte Verhältnis zu ihrer Tochter zu normalisieren. Beglückt stellte sie die Neuankömmlinge ihren Gästen vor, die Tessas Begleitung neugierig beäugten.

Der aus der Küche strömende intensive Duft von Entenfleisch mit Datteln kündigte die Eröffnung des Büfetts an. Susanne hatte eine Mischung aus kalten und warmen, veganen und fleischhaltigen Speisen zusammenstellen lassen. Gegrillte Paprikafilets, gefüllte Florini mit Frischkäse und schwarzen Oliven, blanchierte Weinblätter mit aromatisierten Reismischungen, Chili Sweeter mit mariniertem Feta-Schafskäse und frisch aufgebackenes italienisches Ciabatta riefen Urlaubsbilder von Sonne und Meer ins Gedächtnis.

Als Walters und Heiners gebündelte kulinarische Vorfreude sich auf die Entenbrust konzentrierte, konnte Walters ältere Schwägerin als missionierende Veganerin im Vorbeigehen ihren Kommentar nicht unterdrücken: »Euer Essen von heute ist eure Gesundheit von morgen.«

Walter schaute ihr mit ihrem salatlastigen Teller nach und meinte leise zu Heiner mit einem verschmitzten Gesicht: »Bei ihr zu Hause wäre das Eingeständnis, ich esse gerne Fleisch, ähnlich brisant wie die Aussage, ich esse gerne kleine Kinder.«

Die beiden Männer bedienten sich am Büfett, zapften sich ein Bier und suchten einen abseits gelegenen Stehtisch auf, wo sie sich ungestört unterhalten konnten.

»Prost, Heiner, Pfeffer und Salz, Gott erhalt's.« Mit Walters spezieller Aphorismenverdrehung ließen sie ihren Appetit freien Lauf.

»Und?« Heiner sah ihn fragend an. »Wie war dein Segelurlaub? Kannst du jetzt Backbord von Steuerbord unterscheiden?«

»Sogar einiges mehr«, erwiderte Walter lachend. »Ich hatte am Bodensee eine sehr angenehme und abwechslungsreiche Woche. Und mit Michael ein spannendes Gesprächsthema, das vielleicht sogar deine Arbeit berührt.«

Neugierig sah ihn Heiner an, ohne mit dem genussvollen Kauen auf einem Fleischstück innezuhalten. Walter erzählte ihm von Francis Galton, der festgestellt hatte, dass eine große, bunt zusammengewürfelte Menschenmenge erstaunlich genau das Gewicht eines Ochsens schätzen konnte, während die meisten Fachleute mit ihren Schätzungen danebenlagen.

»Aber was hat das mit meiner Arbeit zu tun?«, wandte Heiner mit vollem Mund ein.

Walter machte eine beschwichtigende Handbewegung und fuhr fort: »Ich habe Michael von dieser Geschichte erzählt und wir haben gemeinsam überlegt, ob dieser Effekt auch auf andere Bereiche angewandt werden kann.« Heiner ahnte, wohin die Reise ging ,und kräuselte seine Stirn in skeptische Falten, sagte aber nichts. »Michael hat eine der Zeitungen, für die er als freier Journalist arbeitet, nicht nur zu einem Artikel über dieses Thema, sondern zu einer Artikelserie überzeugen können. Kommenden Samstag erscheint die erste Folge mit der Schätzung des Ochsengewichts als Aufmacher. Es folgen dann einige weitere Beispiele aus jüngerer Zeit und in der letzten Folge wird die Frage gestellt, ob diese wunderbare Treffergenauigkeit der vielen Schätzer auch auf die Entwicklung des Aktienmarktes übertragen werden kann.« Walter erklärte Heiner die weiteren Einzelheiten und schloss: »Jeder Leser kann sich hieran beteiligen und eine Prognose abgeben.«

»Aber, Walter«, entgegnete Heiner kopfschüttelnd, »ein Ochsengewicht schätzen und Aktienkurse prognostizieren sind doch zwei völlig verschiedene Sachen.«

»C'est comme ça«, gab Walter zu und nutzte zufrieden von Nicole gelernte Wörter. »Aber die Zeitung will das groß herausbringen und ihre Leser einbinden.«

Als Heiner sich, angeregt durch Walters französischsprachige Zustimmung, nach seinem Sprachkurs erkundigen wollte, hörten beide einen entsetzten Aufschrei von Susannes älterer Nichte Sarah. Und schon kam sie aufgeregt schnurstracks zu ihm gelaufen und rief: »Dein Hund, dein Hund, komm schnell!«

In Sekundenbruchteilen ging Walter das Katastrophenrepertoire von Kumba durch den Kopf. Was hatte sie jetzt wieder angestellt?

Im Wohnzimmer sah er es sofort. Kumba hatte ihrer Übelkeit freien Lauf gelassen und alles, was ihrem Magen unverdaulich erschien auf dem hellbeigen Teppich entsorgt, wobei sie praktischerweise im Kreis gegangen war, um auch ja eine möglichst große Fläche zu bedecken. Ihr war es offenbar gelungen, Teile des Abendessens zu stibitzen. Walters Entsetzen steigerte sich noch, als er rote Flecken auf Kumbas Pfoten sah. War das Blut? War sie in Scherben getreten und hatte sich verletzt? Die Aufklärung erfolgte durch Susannes Nichten sofort.

»Das ist nur Nagellack, Onkel Walter«, beschwichtigte Sarah.

»Kumba will doch auch eine feine Dame sein«, ergänzte die jüngere Swante.

Walter raufte sich die Haare und versuchte die Ruhe zu bewahren. Typisch Susanne und ihr fehlender Ordnungssinn. Sie hatte ihren Nagellack nach Gebrauch offenbar nicht weggeräumt. Grimmig schweifte sein Blick über den Teppich auf der Suche nach Nagellackflecken und war fast enttäuscht, keine zu finden, die seinen Vorwurf untermauert hätten.

Kumba saß währenddessen vor ihm, schaute ihn treuherzig und stolz an wie ein Jagdhund mit Federn im Bart, bar jeglichen Schuldbewusstseins und wedelte mit dem Schwanz, als wolle sie einen Preis damit gewinnen. Walter war es ein Rätsel, warum Hunde beim Erbrechen und übrigens auch beim Ausscheiden des Verdauten, immer einen Teppich und nie die Fliesen bevorzugen, wenn sie schon nicht die Möglichkeit haben, dies in der freien Natur zu erledigen.

»Ich kümmere mich um den Teppich!«, rief Walter der herbeigeeilten Susanne zu und ergänzte: »Wenn du deinen nicht weggestellten Nagellack suchst, der verschönert aktuell Kumbas Krallen.«

Als es im Laufe des Abends auf der Terrasse kühler wurde und sich erste Regentropfen ankündigten, verlagerten sich die Gäste in den Wohnbereich. Susannes Brüder traten mit Familie und Eltern den Rückweg an. Die Unterhaltung konzentrierte sich auf Susannes Tochter Tessa und auf Lovis, ihren Naturburschen. Er arbeitete in der IT-Branche, verzichtete auf Führerschein und eigenes Auto, trank keinen Alkohol, rauchte nicht und ernährte sich vegetarisch. Walter war sich nicht sicher, ob ihm bei der Geräuschkulisse nicht noch weitere wesentliche freiwillige Einschränkungen entgangenen waren. Er enthielt sich jeglichen Kommentars – eine Leistung, die ihm nur an seltenen Tagen gelang – und sah den Enthaltsamen an, als hätte er rückwärts gesprochen.

›Es muss an seiner Körpergröße von fast zwei Metern liegen‹, dachte Walter, der jedem, der größer war als er, skeptisch gegenüberstand. Das Blut hat dann Probleme, das Gehirn zu erreichen, das wusste er aus Erfahrung. Nur zu Heiner bemerkte er leise einen bissigen Ausspruch, den er von dem amerikanischen Journalisten Ambrose Bierce gelesen hatte: »Ein Abstinenzler wie er ist ein schwacher Mensch. Er gibt der Versuchung nach, sich selbst ein Vergnügen zu versagen.«

Walter entgegnete auch nichts, als Tessa und Lovis ihre persönlichen Life-Balance-Vorstellungen mit einem Übergewicht von Freizeit beschrieben. Dann aber, ein paar Sätze weiter, den Arbeitskräftemangel bei Handwerkern und in der Gastronomie ebenso beklagten, wie die Hinaufsetzung des Renteneintrittsalters.

Die vierbeinige Kumba wälzte sich währenddessen wohlgelaunt und satt gefressen auf dem von ihr malträtierten und von Walter gesäuberten Teppich. Susanne hatte ihr, was Walter aus erzieherischen Gründen nie gemacht hätte, trotz ihres unerlaubten Fressraubzuges ihre normale Abendration gegeben. Zum Dank gab sie Geräusche von sich, die an den Verdauungsapparat vorzeitlicher Lebewesen erinnerte.

Als die Zeit gegen Mitternacht tendierte, hielt Walter es für angebracht, die Gäste mit seiner subtilen Art auf eine baldige Beendigung der Geburtstagsfeier hinzuweisen. Er begann, das gebrauchte Geschirr und die leeren Gläser in die Küche zu tragen und dort lautstark herumzuhantieren. Es war kein fehlendes Interesse an dem geselligen Miteinander, das ihn dazu bewog. Es war vielmehr die Erschöpfung nach der stundenlangen Anstrengung, bei der Geräuschkulisse alles hören und verstehen zu wollen. Der Kopf fühlte sich dann wie bei hohem Fieber an. Für ihn war das Hören nichts Passives, sondern aktive körperliche Arbeit, wie Radfahren oder Bergsteigen. Als Ausgleich und Belohnung zugleich freute er sich jetzt auf einen schmusigen Ausklang des Abends mit Susanne.

16. Aufatmen

Walter war unzufrieden.

Am frühen Abend des Tages nach der Geburtstagsfeier saß er am Schreibtisch vor seiner Actionliste. Alle Tagespunkte waren abgearbeitet, was ihm normalerweise eine angenehme Genugtuung bereitete. Aber er war immer noch erschöpft von der intensiven Beschallung seiner Ohren vom Vorabend und noch mehr frustriert vom Verlauf des heutigen Tages. Einem plötzlichen Bedürfnis folgend, steckte er sich eine Zigarette an, so überstürzt und stümperhaft, wie es nur ein Gelegenheitsraucher zustande bringt.

Walter ließ den Tag in seinem Kopf nochmals ablaufen. Er war morgens etwas eher aufgestanden, um mit Susanne vor ihrer Arbeit ein paar Worte wechseln zu können. Es war nichts Bestimmtes, was er ihr sagen wollte, er nahm nur das unbestimmte Gefühl einer Verstimmung wahr. Ein Morgenkuss, ein zärtlicher Blick und einige freundliche Worte, so wie sie es am Wochenende pflegten, wenn sie gemeinsam aufstanden, hätten seinen pessimistischen Eindruck zerstreut. Dabei war ihr Geburtstag in Harmonie und Eintracht verlaufen. Alle Gäste, auch er selbst, hatten zu einem geselligen und vergnüglichen Abend beigetragen. Er war sich keiner Schuld bewusst. Dennoch war sie ihm gegenüber unverändert zurückhaltend und hatte das Haus rasch verlassen.

Nachdenklich ging Walter ins Bad, um die Morgentoilette nachzuholen. Unter der Dusche erstarrte er beim Schamponieren seiner Haare. Er hatte, in Gedanken versunken, vergessen sein Hörgerät und das CI abzulegen. Missmutig trocknete er sich ab und versuchte, unter Mithilfe des Föns, seine Hörhilfen ebenfalls trocken zu legen. Es dauerte eine gefühlte Ewigkeit, bis er feststellen konnte, dass sie wieder zum Leben erwachten und funktionierten.

Nur wenig später hörte er ein wiederkehrendes penetrantes Piepen im Haus, dessen Ursache ihm fremd war. Dieses Geräusch hatte er noch nie gehört. Zu seinem Ärger gesellte sich Verunsicherung. War Gefahr im Verzug? Seine eingeschränkte Fähigkeit Stereo zu hören, erschwerte das Orten des Tons, zumal der bedrohliche alarmmäßige Rhythmus Intervalle mit Pausen besaß. Die Waschmaschine, die ähnliche Laute ausstieß, wenn sie auf ihre abgeschlossene Arbeit aufmerksam machen wollte, war es nicht. Deren Ton kannte er. Auch sein Handy schied, nachdem er es gecheckt hatte, als mögliche Ursache aus. War es vielleicht einer der Brandmelder, die in allen Zimmern angebracht waren? Er wusste aus Erfahrung, dass sie sich kurz vor Beendigung ihrer Betriebsbereitschaft akustisch meldeten. Nein, sie waren es nicht, Fehlanzeige. Das Geräusch musste aus der Küche kommen. Er vernahm den Alarmton dort intensiver und schaute sich um, ohne etwas Verdächtiges zu bemerken. Eher zufällig streiften seine Augen die auf der Fensterbank stehende Wetterstation. Auf dem Laufband ihres Displays wanderte die Inschrift ›Sturmwarnung‹ hektisch von rechts nach links.

Es hatte an diesem Morgen zwar immer noch geregnet – der Regen hatte am Abend zuvor eingesetzt –, aber ein Unwetter war nicht vorhergesagt worden. Ärgerlich gelang es ihm durch das wahllose Antippen verschiedener Tasten, den renitenten Alarmton abzustellen. Vielleicht sollte diese Alarmmeldung eher auf einen Sturm in seinem privaten Umfeld hinweisen, kam es ihm in den Sinn. Allerdings waren ihm solche Winke des Schicksals, fügungshafte Warnungen und anderer esoterischer Kleinkram, wie er es nannte, fremd. Nein, er war nicht abergläubisch, noch nicht einmal, und das sehr zum Bedauern von Susanne, gutgläubig. Er versuchte, alles logisch zu sehen, auch da, wo Gefühle angebracht waren, ebenfalls zum Bedauern von Susanne.

Dennoch, ungewollt nahm der Name Nicole in seinem Kopf Gestalt an. Wollte er doch in dem heutigen Sprachkurs das leidige Thema Geldleihe zum Abschluss bringen. Notfalls mit einer freiwilligen Abstandszahlung, so wie es dem Fremden aus dem Weindepot gelungen war. Den Fitnesskurs hatte er beschlossen, ausfallen zu lassen. Ihm stand nicht der Sinn nach den obligatorischen Dehnübungen, seine Lendenwirbel mussten dies einsehen.

Er setzte sich um die Mittagszeit in seinen Wagen und fuhr direkt zu Nicoles Wohnung im Hafen. Während er an einer Kreuzung vor einer roten Ampel wartete, spürte er seine Anspannung. Er wollte sich den Vertrag zeigen lassen, den er angeblich unterschrieben hatte, ihr dann gegebenenfalls Geld anbieten und sich von ihr unterschreiben lassen, dass mit dieser Zahlung keinerlei weitere finanzielle Verpflichtung für ihn bestand. Den Sprachkurs würde er mit dem heutigen Tag beenden. Mit diesen festen Vorsätzen klingelte er an der Haustür des Gebäudes, in dem sie wohnte. Normalerweise war Sekunden später ihre aufgeweckte Stimme zu hören. Diesmal blieb die Sprechanlage stumm. Auch ein zweiter und dritter Klingelversuch waren erfolglos. Unschlüssig verweilte er einen Moment, ging dann grübelnd ins Parkhaus zurück, unschlüssig, ob er sich erleichtert oder noch beunruhigter fühlen sollte.

∞

Es war später Nachmittag und Walter wurde aus seinen Gedanken aufgeschreckt. Ein Benachrichtigungston seines Handys machte ihn auf den Eingang einer Mail aufmerksam. Absender war Michael vom Bodensee. Er berichtete, dass er sich intensiv mit den Vorbereitungen für die Artikelserie über Francis Galton und die ›Klugheit der Massen‹ beschäftigt hatte und dankte Walter nochmals für die Vermittlung dieses reizvollen Themas. Zusätzlich hatte er mehr als ein Dutzend Bilder vom Segeltörn beigefügt. Momentaufnahmen auf dem Boot, Fotos von den Landausflügen und einige Selfies.

Er schaute sie sich neugierig sofort an und legte die Bilder in seinem elektronischen Urlaubsordner ab. An anderen Tagen würde er jetzt Vorbereitungen für das Abendessen treffen, aber die Reste des Geburtstagsessens reichten noch für diesen und den nächsten Tag und Walter war der Letzte, der Nahrungsmittel wegwerfen würde.

Er nahm die Hundeleine samt Hund und machte sich auf zum abendlichen Gassigang. Dabei überlegte er, Susanne nun doch von dem Französischkurs und dem Problem mit Nicole zu erzählen.

Susanne kam etwas später nach Hause. Sie hatte im Reisebüro einen Umtrunk wegen ihres Geburtstags ausgegeben und wirkte seltsam angespannt.

»Ich muss mit dir reden«, eröffnete sie dem am PC sitzenden Walter. »Ich möchte gerne wissen, woran ich bin!«

Walter schaute sie verunsichert an. ›Nicole hat mit ihr Kontakt aufgenommen‹, schoss es ihm in den Sinn.

Sie setzte sich auf ihren Homeoffice-Schreibtischstuhl, schlug die Beine übereinander und sah ihn ernst an.

Walter drehte ihr seinen Schreibtischstuhl zu und sagte: »Ich wollte dir Fotos von Michael zeigen, die er mir vorhin zugemailt hat, aber das kann warten. Worüber willst du denn reden?«

Jetzt war es an Susanne ihren Mann verunsichert

und irritiert anzuschauen. »Wie, Fotos von Michael?« Sie stand auf und ging auf den PC zu, um die Bilder besser sehen zu können.

»Schau«, erklärte Walter, »dies ist sein Boot. Sehr geräumig für zwei Personen. Hier siehst du seinen Heimathafen und hier«, er klickte mit der Maustaste zum nächsten Foto, »bin ich mit der Takelage beschäftigt. Die Bilder sind chronologisch geordnet, sodass ich genau weiß, an welchem Tag wir wo waren.«

Verwirrt starrte Susanne auf die vorbeiziehenden PC-Bilder wobei die Gedanken in ihrem Kopf Karussell fuhren. Es war eindeutig! Walter war zu der angegebenen Zeit tatsächlich bei Michael am Bodensee gewesen. Die Datumsanzeigen der Bilder belegten es. Oder – der Hauch eines Zweifels schlich sich in ihren Verstand – war das alles nur eine perfekte Täuschung und die Freundinnen von Michael und Walter hielten sich stets außerhalb des Bildausschnittes auf?

Susanne verwarf den Gedanken sofort wieder. So etwas Niederträchtiges traute sie ihrem Walter denn doch nicht zu. Ihre Augen füllten sich mit Tränen ob des Unrechtes, das sie ihm unterstellt hatte. Aber wie passte das mit der Schwarzhaarigen im Weindepot zusammen?, meldete sich ihr Restzweifel wieder. Wie durch innere Eingebung kam Walter auf dieses Thema zu sprechen.

»Ich will dir auch etwas sagen«, begann er mit bedeutungsvoller Stimme. Ihre beiden Blicke trafen sich und sie nickte ihm zu, als Zeichen fortzufahren.

»Ich muss etwas ausholen«, fügte er entschuldigend hinzu. Walter begann mit den Urlauben, die er vor ihrer gemeinsamen Zeit gemacht hatte. Wie sehr er die Touren mit dem Pkw in den Mittelmeerraum geliebt und die Freiheit geschätzt hatte, jeden Tag aufs Neue zu entscheiden: bleiben oder weiterfahren? Dass er einmal gerne diese Art des Urlaubs mit ihr in der Provence machen würde und wie sehr er es bedauert habe, dass sie, Susanne, diese Begeisterung unter anderem wegen fehlender Sprachkenntnisse nicht teile. Daher habe er heimlich einen Französischkurs belegt. Er erzählte ihr von Nicole, allerdings ohne näher zu beschreiben, was vorgefallen war. Das letzte Mal habe er sie, ihrer Einladung zu einem französischen Abend im Weindepot folgend, am vergangenen Samstag gesehen und danach beschlossen, den Sprachkurs abzubrechen, weil ihm das alles zu anstrengend sei. So weit seine Darstellung. Zwei Sachen ließ Walter jedoch weiterhin unerwähnt, obwohl er natürlich wusste, dass die Auslassung eine hinterhältige Lüge sein kann: seine unfreiwillige Übernachtung bei ihr und ihre Behauptung, sie habe sein schriftliches Versprechen, ihr Geld zu leihen.

Susanne hatte ihm zugehört, ohne ihn zu unterbrechen. Sie schwieg auch weiterhin, um das Gehörte einzuordnen. »Da fällt mir schon ein Stein vom Herzen«, umschrieb sie schließlich ihre Gemütslage und ihre Augen wurden wiederum feucht. Walter sah sie verständnislos an.

»Ja, mein Schatz, jetzt bin ich dir eine Erklärung schuldig.« Sie erzählte ihm, was für einen Verdacht sie durch die zahlreichen Hinweise schöpfen musste, die ihr in den vergangenen Wochen aufgefallen waren und zugetragen wurden.

Walter, der zwischen Schmunzeln, Erstaunen und Erschrecken gewechselt hatte, meinte abschließend: »Ente gut, alles gut. Jetzt habe ich aber Hunger bekommen. Der Tisch ist gedeckt. Von deiner Geburtstagsente ist noch reichlich da.«

Mit einem schelmischen Leuchten in den Augen ergänzte sie: »Und nach diesem anstrengenden Tag können wir ja etwas eher schlafen gehen«, was Walter in seiner typischen Art mit »Sowieso« kommentierte.

17. Kollektive Intelligenz

Die Wochen vergingen.

Walter konnte Nicole nicht erreichen. Weder in ihrer Wohnung, dort fand er sich zweimal zu den Zeiten des Sprachunterrichts ein, noch am Telefon. Walter konnte sich zwar aus ihrer offensichtlichen Abwesenheit keinen Reim machen, aber er war mit dieser Entwicklung sehr einverstanden.

Wochen später traf Walter seinen Leidensgenossen Klaus, das vormalige Opfer von Nicole, wiederum im Weindepot. Klaus hatte aus angeblich sicherer Quelle erfahren, dass Nicole nach Frankreich gefahren sei. Ihre Mutter sei plötzlich gestorben und sie habe die Formalitäten des Nachlasses zu regeln. Auch aus ihrem früheren Leben wusste er zu berichten. So soll sie ein sehr ambivalentes Verhältnis zu ihrem früh verschiedenen deutschen Vater gehabt haben. Klaus bezeichnete es als eine Hassliebe, die bei Nicole zu einem gestörten Verhältnis Männern gegenüber geführt habe, und spekulierte gar, dass sie missbraucht wurde. Über ihre Mutter sei kaum etwas bekannt. Nicole hatte nur wenig Kontakt zu ihr. In den vergangenen Jahren lebte Nicole in verschiedenen Städten und ging offenbar keiner geregelten Arbeit nach. Sie war zeitweise für einen Escortservice tätig. Für einen französischen Verlag hat sie nie gearbeitet.

Seine Beziehung zu Susanne hatte sich durch die Aussprache nach ihrem Geburtstag deutlich gebessert. Kleine verbale Nettigkeiten, ein Kuss ohne besonderen Anlass, ein liebevoller Blick und sexuelle Aktivitäten – manchmal zu Unzeiten – verschönerten beiden das Alltagsleben. Nur Walters pedantische Genauigkeit, sein kleinliches Wesen, blieb an ihm haften wie Kaugummi auf dem Boden eines Bürgersteigs.

∞

Den Kontakt mit seinem alten Freund Michael hatte er durch mehrere Telefonate und Mails fortgeführt. Michaels Auftaktartikel über Francis Galton war in der Allgemeinen Wochenzeitung unter der Überschrift *Die Vorteile der kollektiven Intelligenz* erschienen und hatte eine beeindruckende Resonanz gefunden. In den nachfolgenden Wochen gab es jeweils einen Folgeartikel, der von Michael verfasst wurde. Walter studierte sie alle sorgfältig und hob sie auf.

Angelehnt an die Untersuchung von Francis Galton wurden den Zeitungslesern ähnliche Studien aus neuerer Zeit vorgestellt, in denen die Fähigkeit einer Gruppe von Menschen beschrieben wurde, erstaunlich verlässliche Schätzungen vorzunehmen.

Die amerikanische Soziologin Kate H. Gordon von der Yale University zum Beispiel beauftragte eine Gruppe von 200 Studenten, unterschiedliche Objekte nach ihrem Gewicht zu reihen. Die individuellen Schätzungen hatten eine Trefferquote von lediglich 2,5 Prozent. Die Gruppenschätzung hingegen erwies sich als zu 94 Prozent richtig.

Einen ähnlichen Test machte der amerikanische Professor für Finanzwirtschaft Jack Treynor. Die 56 Teilnehmer seines Universitätsseminars sollten schätzen, wie viele Geleebonbons sich in einem gläsernen Behältnis befanden. Die Gruppenschätzung betrug 871 Bonbons. Die tatsächliche Anzahl von 850 wurde nur von einem einzigen Seminarteilnehmer geschätzt. Die anderen Einzelergebnisse lagen zum Teil deutlich unter oder über diesem Wert.

Besondere Beachtung fand bei den Zeitungslesern im wöchentlichen Folgeartikel die Auswertung der einem breiten Fernsehpublikum bekannten Sendung *Wer wird Millionär?* Diese erfolgreichste Quizsendung im deutschen Fernsehen war ziemlich einfältig. Dem Kandidaten wurden fünfzehn zunehmend schwierigere Multiple-Choise-Fragen gestellt. Wenn er sie alle richtig beantwortete, nahm er eine Million Euro mit nach Hause. Die Spielregeln der Show hatten einen Gag: Wenn ein Teilnehmer Schwierigkeiten bei der Beantwortung einer Frage hatte, standen ihm drei Möglichkeiten offen, zur richtigen Antwort zu finden:

a) Er konnte sich für die Eliminierung von zwei der vier Antwortmöglichkeiten entscheiden.

b) Es war ihm erlaubt, sich telefonisch mit einer besonders gescheiten Person aus seinem persönlichen Umfeld verbinden zu lassen, die er vor Beginn der Sendung genannt hatte, und diese um die richtige Antwort bitten.

c) Und er hatte die Möglichkeit, das Studiopublikum über die Antwort abstimmen zu lassen.

Die meisten Menschen würden in so einer Situation annehmen, dass kluge Individuen am ehesten die richtige Antwort finden. Tatsächlich schnitten diese Experten gut ab und erreichten eine respektable Trefferquote von 65 Prozent. Dies war jedoch im Vergleich zum Studiopublikum nur mäßig. Diese bunt und zufällig zusammengewürfelte Gruppe war durch ihr kollektives Wissen in der Lage, 91 Prozent der ihr gestellten Fragen richtig zu beantworten.

Die positive Resonanz der Zeitungsleser war überwältigend. Einige kritische Stimmen wiesen jedoch darauf hin, dass es sich bei den in der Quizshow gestellten Fragen um Faktenwissen handelte und keine Ereignisse dargestellt wurden, die in der Zukunft lägen. Daher brachten Michael und die Zeitungsredaktion eine Woche später ein Beispiel für die Fähigkeit einer großen Menschengruppe zukünftige Ergebnisse mit hoher Wahrscheinlichkeit vorauszusagen.

Im Jahre 2002 fand in Japan und Südkorea das bedeutendste Fußballturnier für Nationalmannschaften, die Weltmeisterschaft, statt. 32 Teams nahmen hieran teil. Vor dem Turnier wurden im Rahmen einer Studie von Microsoft Research zweitausend Menschen gebeten, die Ergebnisse aller 64 Spiele vorherzusagen. Bei herkömmlichen Vorhersagemodellen, bei denen hauptsächlich Fußballexperten befragt werden, betrug die Treffergenauigkeit etwa 55 Prozent. Bei dieser breit angelegten Befragung von Teilnehmern aus verschiedenen Ländern und unterschiedlichen Hintergründen wurden die Ergebnisse von 70 Prozent der Spiele richtig vorhergesagt.

Ein anderes Beispiel für die Gruppenintelligenz war die verblüffend genaue Vorhersage von Wahlergebnissen. Wir alle würden gerne wissen, wer die nächste Bundesregierung stellt oder wer demnächst Präsident der Vereinigten Staaten sein wird. Manch einer wird darauf hinweisen, dass es hierzu bereits ein bewährtes Instrument gibt: die Wahlumfrage. Tatsächlich liefern die von den demoskopischen Instituten durchgeführten Wahlumfragen relativ gute Ergebnisse. Aber sie können noch getoppt werden. Dass dies möglich ist, zeigt ein in den USA gegründetes Projekt, welches vom College of Business der Universität von Iowa durchgeführt wurde: die Iowa Electronics Markets (IEM). Hierbei handelte es sich – leger ausgedrückt – um eine Zockerbude.

Die Teilnehmer – mitmachen konnte jeder – wetten nach bestimmten Regeln, wie nach ihrer Meinung eine bestimmte Partei oder ein bestimmter Kandidat in einer bevorstehenden Wahl abschneiden wird. Und dies ist durch das IEM mit wissenschaftlicher Begleitung in beeindruckender Weise genau dokumentiert worden. In den Jahren 1988 bis 2000 wurden im Vorfeld der US-Präsidentschaftswahlen 596 Wahlumfragen veröffentlicht. Die Wettergebnisse des IEM waren in nicht weniger als 75 Prozent der Fälle genauer.

In der letzten Folge der Artikelserie über kollektive Intelligenz widmete sich Michael dem Thema, das Walter am meisten interessierte: Prognosen zur Entwicklung des Aktienmarktes. Michael argumentierte in der Einleitung seines Beitrags: Wenn Gruppen von Menschen Schätzungen über das Gewicht von Ochsen und die Anzahl von Geleebonbons mit hoher Genauigkeit abgeben, wenn ein Fernsehstudiopublikum bei Quizfragen besser abschneidet als besonders gescheite Leute, wenn die Ergebnisse von Fußballspielen und Wahlen zuverlässiger als von Spezialisten prognostiziert werden, ist es dann nicht auch möglich, in ähnlicher Weise Aktienkurse mithilfe der Gruppenintelligenz treffsicherer vorherzusagen?

Nun gibt es keine vergleichenden Studien, die aufzeigen, ob eine große Gruppe von verschiedenen Menschen bessere Ergebnisse bei der Geldanlage in Aktien erzielen als Branchenspezialisten, zu denen Walters Freund Heiner zählt. Jedenfalls waren Michael keine derartigen Untersuchungen bekannt. Es lagen ihm aber einige Berichte vor, die in eklatanter Weise dokumentierten, dass Fondsmanager schlechter abschnitten als der Marktdurchschnitt.

Michael stellte daher in seinem letzten Beitrag der Artikelserie an die Zeitungsleser die Frage, ob deren kollektive Intelligenz bei der Prognostizierung des Aktienmarktes bessere Ergebnisse zeigen würde als die Vorhersagen der Börsenprofis. Als Maßstab sollte der Deutsche Aktienindex, kurz Dax genannt, dienen. Die Fragestellung lautete: Um wie viele Prozentpunkte verändert sich der Dax nach unten oder oben zum Stichtag in zwei Monaten gegenüber dem aktuellen Kurs? Teilnehmen konnte jedermann. Dem glücklichen Gewinner winkte ein Geldpreis. In der folgenden Zeitungsausgabe eine Woche später wurde der ermittelte Durchschnittskurs der Teilnehmer ebenso veröffentlicht wie die Prognose der Branchenprofis. Die kollektive Intelligenz der Zeitungsleser trat gegen das Fachwissen Einzelner an. Solch einen Wettbewerb hatte es wohl noch nicht gegeben.

18. Grand Malheur

Es war unerträglich.

Der Sommer hatte sich mit großer Hitze und Trockenheit im Münsterland ausgebreitet und gebar über viele Tage hinweg einen Himmel, der blauer als der Schnee weiß und das Pech schwarz war. Die hohe Hecke, die im wilden Wuchs wie ein undurchdringlicher Dschungel das Grundstück der Brinkmanns einfriedete, forderte eine regelmäßige Bewässerung. Noch verlangender nach dem kostbaren Nass reagierten leuchtende Rosen, rote Geranien, zahlreiche Farne, üppige Rhododendren, ausladende Hortensien und nicht zuletzt der Rasen in ihrem Garten. Sie dankten es mit einem kräftigen Wuchs. Walter genoss zwar das die Sinne betörende bunte Potpourri der kraftvollen Natur, empfand aber die Notwendigkeit der Gartenarbeit als belastend. Ihm fehlte der grüne Daumen eines engagierten Hobbygärtners. Er konnte bei der Arbeit gar nicht so schnell trinken wie er schwitzte.

Sein Kümmernis an diesem Wochenende war jedoch nur indirekt auf das Wetter zurückzuführen. Es entwickelte sich am Freitagabend, auch wenn zu diesem Zeitpunkt seine Misere durch nichts erahnt werden konnte. Walter hatte für das Abendessen den Tisch des überdachten Grillplatzes im Garten gedeckt, einen bunten Salat vorbereitet und für Susanne und ihn zwei Doraden gekauft, die auf dem Tischgrill zubereitet wurden. Die beiden genossen die typisch entspannte Freitagabendstimmung, blickten auf eine anstrengende Woche zurück und freuten sich auf das Miteinander zu Hause.

»Schatz«, sagte Susanne zu Walter, als sie beim Essen mit skeptischem Blick in den Garten schaute, »der Rasen sieht wie eine bizarre Landschaft aus. In jedem Fall sollte er aber geschnitten werden. Wir ersparen uns dann Kommentare, wenn meine Eltern am Sonntag zum Kaffee kommen.«

Der Rasen, der sich um den hinteren Teil des Hauses erstreckte, befand sich tatsächlich in einem erbärmlichen Zustand. Gänseblümchen, Löwenzahn, Weißklee, Breitwegerich, Ehrenpreis und wahrscheinlich noch zahlreiche andere Unkräuter hatten die Grünfläche dank ausreichender Besprengung zu einer Wiese mutieren lassen. Ein Botaniker hätte seine helle Freude an dieser Artenvielfalt gehabt, wenn nicht tellergroße verbrannte Stellen die Naturbelassenheit gestört hätten. Zu allem Überfluss besaßen diese braunen kreisförmigen Flächen einen Kranz aus besonders hohem und grünintensivem Gras. So, als wolle die Natur von der verbrannten Erde mit verstärktem Wuchs ablenken. Diese mehr als ein Dutzend grünen Vulkankegel verteilten sich auf der Grünfläche und waren von Susanne als bizarre Landschaft bezeichnet worden. Der Architekt dieser Gebilde hatte einen Namen: Kumba. Immer wenn das vierbeinige Familienmitglied außerhalb der Gassizeiten dem Blasendruck nachgeben musste, stand ihr die Terrassentür zum Garten offen. Sie nahm diese Gelegenheiten gerne und oft mit der Folge wahr, dass der hohe Salzgehalt ihres Urins den kontaminierten Gräsern im Zusammenspiel mit Sonnenschein das Wasser entzog, während diese Art der Bewässerung im nahen Umkreis wie Dünger wirkte.

»Ja«, antwortete Walter. »Rasenschneiden werde ich morgen auf meine Actionliste setzen.«

Damit war Susanne zufrieden, denn wenn Walter etwas in diese ihm wichtige Liste eintrug, dann wurde dieser Punkt auch erledigt. Keiner von beiden konnte sich das Malheur vorstellen, das mit dieser alltäglichen Arbeit verbunden sein würde. Das Wochenende nahm vorerst einen sehr harmonischen Verlauf.

Susanne sprach das Thema Urlaub mit einem generellen Vorschlag an: »Was hältst du davon«, begann sie, »wenn wir unsere Urlaubsziele abwechselnd bestimmen? Dann kommt keiner zu kurz und wir sind beide zufrieden!« Walters heitere Stimmung verstärkte sich. Er strahlte wie ein Honigkuchenpferd, als sie ergänzte: »Von mir aus kannst du gerne in diesem Jahr anfangen.«

Walter brauchte nicht lange zu überlegen. Er beschrieb ihr seinen ursprünglichen Plan eines dreigeteilten Urlaubs, Flussschifffahrt, Wellnesshotel und Rundreise mit dem Pkw durch Südfrankreich.

»Das ist ein sehr entgegenkommender Kompromiss«, wertete sie seine Äußerung mit einem warmen Lächeln.

Lange trafen sich ihre Blicke und Walter bemerkte in ihren Augen einen sanften, einladenden Glanz. Dann kam sie um den Tisch herum auf ihn zu, setzte sich auf seinen Schoß und dankte ihm mit einem verführerischen Kuss.

»Heiner und Erika würden sich jetzt erst einmal ein ausgefallenes Outfit überziehen, bevor sie die amourösen Möglichkeiten der Nacht voll ausschöpfen«, wisperte Susanne ihrem Mann ins Ohr.

»Das überspringen wir einfach«, flüsterte er zurück. »Komm mit mir einfach ins Bett.«

Am Morgen des nächsten Tages legte sich ein brummiger Klangteppich über die Wohnsiedlung, zu der das Haus der Brinkmanns gehörte. Alle, die ihren Rasen schneiden mussten, taten dies, bevor die Hitze des Tages solche Arbeiten erschwerte. Direkt nach dem gemeinsamen Frühstück holte Walter seinen Elektromäher aus der Garage, schaltete wegen des lauten Motorgeräuschs seine Hörhilfen aus und mähte das Grün, wobei er sich bemühte, möglichst gerade und rechtwinkelige Bahnen zu fahren. Der Schatten spendende Trompetenbaum mit seinen tief herunterhängenden Zweigen stand ihm dabei jedes Mal im Weg. Er musste sich dann tief bücken.

Nach einer guten halben Stunde Arbeit betrachtete er zufrieden sein Werk. Er erinnerte sich an die Aussage eines früheren Arbeitskollegen: »Einen Mann erkennt man an der Art, wie er seinen Rasen schneidet und wie er seine Frau behandelt.« Eine gewisse Genugtuung erfüllte ihn, wenn er an die vergangene Nacht mit Susanne dachte und seinen Rasen ansah. Die von Kumba verbrannten braunen Stellen störten jetzt allerdings noch mehr als zuvor. Als er sein CI hinter dem rechten Ohr wieder einschalten wollte, gefror seine Miene. Sein Griff war ins Leere gegangen. Sofort tastete er nach seinem Hörgerät hinter dem linken Ohr. Es war noch da. Aber Erleichterung konnte sich bei Walter nicht einstellen. Das Cochlear Implantat musste beim Rasenmähen abgefallen sein. Tief gebeugt schritt er hastig die gesamte Rasenfläche ab. In der Nähe des Trompetenbaumes suchte er besonders intensiv. Vielleicht hatten Zweige den sichtbaren Teil des CI abgestreift. Als er dort nicht fündig wurde, inspizierte er den Inhalt der Biotonne, wo das Schnittgras aus dem Fangkorb des Rasenmähers entsorgt wurde. Dort fand er es tatsächlich: mehrfach durchtrennt und irreparabel. Walter seufzte bitter. Er hatte einen niedrigen fünfstelligen Eurobetrag geschreddert.

∞

»Bist du denn mit deiner Artikelserie zufrieden?«, fragte Walter, der Michael mit seinem Smartphone angerufen hatte.

»Sehr sogar«, antwortete Michael, wobei seine freudige Stimme das Gesagte unterstrich. »Das Interessanteste kommt natürlich erst noch, wenn die Prognosen der Profis mit denen der Zeitungsleser verglichen werden.«

Walter führte sein erstes Telefonat nach dem Malheur mit seinem CI vor drei Wochen. Länger als die Lieferzeit dauerte die Feineinstellung des Ersatzteils. Er musste mehrmals die HNO-Klinik der Universität aufsuchen, damit das Klangbild für ihn erträglich war.

Michael erzählte, dass sich mehr als 4.300 Zeitungsleser an der Dax-Prognose zum Monatsultimo September beteiligt hätten, mehr als die Zeitungsredaktion erwartet hatte. Das arithmetische Mittel wurde mit einem Plus von 2,37 Prozent errechnet und von der Zeitung veröffentlicht. Zuvor hatte die Zeitungsredaktion einige Wertpapieranalysten von Banken und Brokerhäusern befragt und deren Prognosen ebenfalls publiziert. Die Erwartung der Anlageprofis war pessimistischer und bewegte sich in einem Korridor von minus 1,97 Prozent bis plus 0,66 Prozent, was einen Mittelwert von minus 0,14 Prozent ergab. Auf Heiner, dem Fondsmanager bei Kleinkörner, hatte die Artikelserie über die Vorteile der kollektiven Intelligenz großen Eindruck gemacht. Das war erstaunlich, denn er vertrat zuvor die Auffassung, dass wahre Intelligenz nur Individuen gegeben ist. Der richtige Experte, so war seine Überzeugung, wird es schon richten. Dass gute oder bessere Ergebnisse erzielt werden, wenn der Mittelwert der Schätzung von einer Gruppe errechnet wird, hatte er misstraut. Für ihn tendierte zuvor Durchschnittsdenken in Richtung Verdummung und faule Kompromisse.

Heiner erwartete wie die meisten seiner Kollegen einen leichten Rückgang des Leitindex Dax. Mehr Spannung konnte die Artikelserie also gar nicht bieten. Die Erwartungen von Experten und die einer bunt zusammengewürfelten Gruppe von Menschen war gegensätzlich.

Was Walter nicht wissen konnte und Heiner auch nicht kommunizierte, war sein Entschluss, seine Anlageentscheidungen bei den von ihm verwalteten Fonds an die veröffentlichte Prognose der Zeitungsleser anzupassen. Nicht vollumfänglich, dies wäre gegen seine Berufsehre gegangen. Er änderte aber das Vorzeichen der Prognose für seine künftigen Anlageentscheidungen und ging nunmehr von einem leichten Zuwachs des Dax, statt eines leichten Rückgangs aus.

19. Fremdsprache – anderer Versuch

Walter wirkte wie ein Häufchen Elend.

Er war wie gewohnt an diesem Samstag vor Susanne aufgestanden und hatte den Frühstückstisch gedeckt. Jetzt saß er erschöpft auf seinem Stuhl und wartete auf Susanne, die noch mit ihrer Morgentoilette beschäftigt war.

Schon am Abend zuvor hatte er wie ein plötzlicher Wetterumschwung die typischen Begleiterscheinungen einer Erkältung gespürt: Augenbrennen, Überempfindlichkeit der Ohren, Hustenreiz und Kopfschmerzen. An diesem Morgen zeigten sich die Symptome stärker als am Abend zuvor.

Als Kumba aus ihrem Körbchen sprang und in die Diele lief, wusste er, dass Susanne aus dem Bad im Obergeschoss kam. Er erhob sich, um sie zu begrüßen und von ihr tröstende Worte wegen seiner Erkältung zu empfangen. Aber er merkte schnell, auch sie hatte sich einen Infekt zugezogen. Sie kämpfte mit Hustenreiz und Halsschmerzen, ohne sich darüber groß auszulassen.

»Dann werden wir heute halt etwas kürzertreten«, meinte sie lapidar.

»Kürzertreten?«, wiederholte Walter. »Ich glaube, ich werde heute überhaupt nichts machen.«

»Ist es so schlimm, mein Schatz? Brauchst du vielleicht eine Krankenschwester?«, zog sie ihn lächelnd auf. Sie hatte den Satz noch beenden können, bevor eine lautstarke Hustenattacke sie in ihre Gewalt nahm. Walter hob schützend die Hände vor seine überempfindlichen Ohren. Für ihn klang es wie das krachende Donnergrollen eines Sommergewitters in den Bergen. Wieder und wieder setzte Susanne zum Husten an, bis ihr störender Hustenreiz zurückgedrängt war und sie mit tränenden Augen nach Luft rang. Walter hatte zwischenzeitlich seine Hörhilfen abgenommen und bekam nur durch Susannes Mundbewegungen mit, dass sie etwas sagte.

»Moment« bat er, setzte seine Hörtechnik wieder ein und schaute Susanne erwartungsvoll und mit leidvollem Gesichtsausdruck an, das Gesagte zu wiederholen.

»Du hast eine ganz, ganz schwere Männergrippe, mein Schatz, das ist eine schlimme Krankheit«, neckte sie ihn ob seiner, nach ihrer Meinung, übertriebenen Wehleidigkeit. »Dann werde ich dich heute pflegen müssen.«

Was Susanne mit freundlich gemeinter Ironie beschrieb, entspricht durchaus der Faktenlage. Am Mythos Männergrippe, manchmal auch Männerschnupfen oder Männererkältung genannt, ist tatsächlich etwas Wahres dran. Männer leiden bei einer Erkältung oder eines grippalen Infekts tatsächlich stärker als Frauen. Der Grund ist in den unterschiedlichen weiblichen und männlichen Immunsystemen zu suchen. Männer haben zum Beispiel einen niedrigeren Östrogen- und höheren Testosteronspiegel als Frauen. Bei Walter kam verstärkend noch hinzu, dass eine Erkältung die Empfindlichkeit seiner Ohren und Augen schlagartig erhöhte. Selbst normale Geräusche konnten dann schmerzhaft wirken, sodass er beide Hörsysteme ausschaltete.

All dies war Susanne nicht hinreichend bewusst, als sie das morgendliche Thema Erkältung mit den Worten abschloss: »Nimm es nicht so schwer. Bei einer Männergrippe kann man bestimmt schon Pflegestufe 4 beantragen.«

Susanne besaß eine Eigenschaft, die Walter nicht immer an ihr schätzte. Obwohl es manchmal nur seine Zeit dauerte, bis er seine Einstellung änderte. Gemeint ist Susannes fester Wille, etwas umzusetzen, etwas zu erreichen, wenn sie es sich in den Kopf gesetzt hatte. Objektiv gesehen hatte dies nichts mit Dickköpfigkeit zu tun, auch wenn Walter ihr dies gelegentlich vorwarf. Dabei müsste er aus Erfahrung klug geworden sein, denn wenn Susanne etwas vorschlug, gab es dafür gute Gründe, die ihm oft erst mit zeitlicher Verspätung einsichtig wurden. Die Sache mit dem CI-Implantat war so ein Beispiel. Heute war er froh über die ein Jahr zuvor vorgenommene Operation. Er wollte die Möglichkeit, Stereo zu hören, nicht mehr missen.

Aber jetzt, diesen neuen Vorschlag hielt er doch für ziemlich schräg. Susanne hatte ihn beim Sonntagsfrühstück gemacht. Und da sie mit seinem Widerstand rechnete, ihr Ansinnen mit einer subtil großzügigen Bereitschaft verbunden.

»Du, Schatz«, begann sie, »das Malheur mit dem zertrümmerten CI hat mich auf einen Gedanken gebracht. So etwas kann ja immer wieder passieren oder es kann einfach unbemerkt abfallen und verloren gehen. Es ist ja nicht ausgeschlossen, dass du auch auf deinem linken Ohr einen Hörsturz erleidest. Dann ist unsere Kommunikation für einige Zeit sehr eingeschränkt.«

Walter hörte wortlos zu, während er sorgsam die letzten Brotkrümel auf seinem Teller verzehrte. Er wusste noch nicht, worauf sie hinauswollte, ahnte aber Unangenehmes.

»Oder auch, wenn du deine Hörhilfen abgenommen hast, nachts und morgens, bevor du sie nach deiner Morgentoilette anlegst, können wir uns nicht verständigen.«

Walter nickte zögernd, während sein Misstrauen, was da auf ihn zukam, wuchs.

»Es wäre doch sinnvoll«, fuhr sie fort, »wenn wir beide einen Gebärdensprachkurs besuchen, um uns die wichtigsten Grundlagen anzueignen.«

Damit hatte Walter nun überhaupt nicht gerechnet. Die Gebärdensprache war für sie nie ein Thema gewesen. Er sagte weiterhin nichts und schaute sie nur verständnislos an.

»Es ist mir wichtig«, wirkte sie eindringlich auf ihn

ein. »Wir machen das beide zusammen, ich opfere dafür gerne meine Freizeit.«

»Wenn ich sie alleine erlernen würde, könnte ich auch wenig damit anfangen«, entgegnete er missmutig, musste aber erkennen, dass der Vorschlag auch ihr Opfer abverlangte und daher nicht so ohne Weiteres weggewischt werden konnte.

»Aber das wird mit einem riesigen Aufwand verbunden sein«, sagte er in einem resignierenden Tonfall, der letztendlich seine Bereitschaft erkennen ließ.

Walter recherchierte in den kommenden Tagen nach Kursangeboten und wurde bei der Volkshochschule fündig. Ab Anfang September wurden dort Anfängerkurse in Gebärdensprache angeboten. Er meldete sich und Susanne für zwölf Doppelstunden an, die dienstagabends abgehalten wurden. Im Internet holte er sich vorab Informationen über diese lautlose Art der Verständigung. Diese Sprache war ihm bisher fremd gewesen und er hatte sie unterschätzt. Es gibt nicht nur die eine Gebärdensprache, wie er naiverweise annahm. Sie ist kein international verständliches Esperanto. Vielmehr existieren schätzungsweise weltweit mehr als 140 Gebärdensprachen, die sich mehr oder weniger stark unterscheiden. Selbst in Ländern mit derselben Sprechsprache kann sie unterschiedlich sein. So wird in Deutschland anders buchstabiert als in Österreich und zwischen Briten und Amerikanern kann es zu peinlichen Missverständnissen kommen. Ein freundliches

»Good Morning« eines Engländers zu einer Amerikanerin mag sprachlich als grenzwertig übergriffig angesehen werden, denn der britische Morgengruß kann in der amerikanischen Gebärdensprache ›schöne Brüste‹ bedeuten.

Zwei Wochen später saßen Walter und Susanne mit neun anderen Schülern in einem Klassenzimmer der Volkshochschule. Im Stuhlkreis wie bei den anonymen Alkoholikern sollten die Grundzüge der Gebärdensprache erlernt werden. Zwischenzeitlich war seine Reserviertheit diesem Kurs gegenüber einer vorsichtigen Neugierde gewichen. Ein fremder Betrachter hätte die Gruppe für irgendeinen beliebigen Kurs halten können, den die VHS anbot, denn es wurde rege über mehrere Köpfe hinweg gesprochen.

Walter hielt sich aus hörtechnischen Gründen in dem hellhörigen Klassenraum zurück. Wie sich nachher herausstellte, war er der einzige Schwerhörige, ausgenommen der Kursleiter. Der war nicht schwerhörig, sondern taub und hieß Franz Bückers. Er gehörte zu den rund 80.000 Menschen in Deutschland, die beidseitig taub geboren wurden. Was ihm an Sprechfähigkeit fehlte, machte er durch die Präsenz seines bulligen Körpers und seiner ausladenden Gesten wett, die an eine Pantomime erinnerten. Sein ganzer Körper war im Einsatz, insbesondere sein Gesicht.

Für Walter war es eine neue Erfahrung, dass die

Gebärdensprache mit dem ganzen Körper gesprochen wird. Will ein Gehörloser Trauer zum Ausdruck bringen, gehen die Mundwinkel nach unten und die Augen verengen sich. Empfindet er Freude, funkeln seine Augen und sein Mund lächelt. Noch ausdrucksstärker ist die Darstellung von etwas Hässlichem. Der Grad der Abscheulichkeit wird durch eine nach oben offene Skala von entstellenden Grimassen dargestellt. Temperamentvolle Menschen, zum Beispiel Südeuropäer, die bei der Kommunikation ohnehin stärker die Körpersprache einsetzen, sind hier im Vorteil.

Die Gebärdensprache kann zweifellos sehr ausdrucksstark sein, stößt aber im Vergleich zur gesprochenen Sprache an ihre Grenzen. Es gibt keine Konjunktion, kein Perfekt, kein Futur und kein Präsens. ›Ich habe zugenommen und sollte mich mehr bewegen‹, heißt zum Beispiel in der Gebärdensprache: ›Ich dick, gezwungen Bewegung.‹

Aber von diesen Feinheiten der Gebärdensprache waren Walter und Susanne natürlich noch weit entfernt. In den ersten Unterrichtsstunden dominierte das Daumenkino, wie das Fingeralphabet der Gebärdensprache lax genannt wird. Und dazu braucht man ein gutes Gedächtnis und Fingerfertigkeit.

Als der Herrgott diese Eigenschaften verteilte, musste Walter wohl gerade austreten. Oder lag sein schlechtes Abschneiden an dem Umstand, dass er der einzige männliche Schüler und zudem noch der älteste unter den Anwesenden war? Susanne und die anderen Mitschülerinnen konnten das Erlernte jedenfalls schneller umsetzen.

Walter hatte in dem Stuhlkreis noch ein weiteres Alleinstellungsmerkmal. Er war der einzige Rentner. Alle anderen waren berufstätig. Dies wusste er aus der Vorstellungsrunde in der ersten Kursstunde. Einige hatten bei ihrer Arbeit mit Tauben oder schwer Hörgeschädigten zu tun. Linda zum Beispiel. Durch ihre hinstürzenden Bewegungen und die erbarmungslos fröhliche Stimme verriet sie sich als leidenschaftliche Kindergärtnerin. Oder Merle vom Jugendamt der Stadt. Sie hatte außer ihren flaschenbodendicken Brillengläsern einen explosionsartigen Husten mitgebracht, sodass die meisten dachten, sie hätte gut und gerne zu Hause bleiben können. Rechts neben Walter saß Ute, eine erhitzte Quecksilberkugel, ertrunken in einem viel zu weiten Hosenanzug. Sie hatte sich als Front-Office-Managerin vorgestellt, was Walter mit Sekretärin übersetzte. Die drei Teenager, die Walter gegenüber saßen und optisch alle Bedingungen einer Schaufensterpuppe erfüllten, waren so jung wie ihre Begeisterung. Sie wollten die Gebärdensprache einfach nur aus Spaß erlernen.

Nach einer Woche beherrschten alle Kursteilnehmer das Fingeralphabet, bis auf Walter. Zumindest dauerte alles bei ihm länger.

Susanne machte ihm daher einen Vorschlag: »Schatz, wir können uns doch jeden Abend eine Stunde lang in Gebärdensprache unterhalten! Das ist eine gute Übung für uns beide.«

»Nur bitte nicht beim Essen«, antwortete Walter mürrisch. »Mit dem Messer in der Hand droht dann akute Verletzungsgefahr.« Für ihn war der Vorschlag damit erledigt. Eine Woche später gab Walter endgültig auf. »Du hast ja selbst gesagt, der Kurs ist nur ein Versuch«, entschuldigte er sich. »Und wenn ich nachts ein besonderes Anliegen habe, werde ich mich auch ohne Worte verständigen können«, flüsterte er ihr ins Ohr.

20. Der Kreis schliesst sich

Es war Samstagmittag.

Walter saß noch immer etwas benommen an seinem Schreibtisch. Er hatte seinen Lieblingsplatz gewählt, um zur Ruhe zu kommen. Kumba, das vierbeinige Familienmitglied, lag in ihrem Körbchen, direkt neben ihm. Sie schlief und hatte das fatale Ereignis vor drei Stunden, an dem sie beteiligt war, wohl schon vergessen. Walter starrte über den Bildschirm seines PC in den frühherbstlichen Garten. Das Grün der Bäume hatte sich in vielerlei Brauntöne mit der Zugabe von Ocker, Gelb, Orange bis Rot mit Einschlägen von Lila verwandelt. Die Natur bereitete sich, erschöpft nach den heißen Tagen des Sommers, auf den Winter vor.

Der Schreibtisch vor ihm war wie stets penibel aufgeräumt. Dennoch veränderte er die Lage einiger Utensilien, rückte einige Gegenstände mehr zusammen, richtete andere auf dem von ihm bestimmten festen Platz im rechten Winkel aus, ordnete die auf einer Ablage deponierten Schreibstifte der Größe nach, bis sein Ordnungssinn befriedigt schien und sich seine Unruhe gelegt hatte. Er überlegte, was er Susanne, wenn sie am Abend von ihrer Arbeit kommen würde, erzählen und was er besser weglassen sollte. Im Geiste ließ er das Geschehene nochmals ablaufen.

Er war mit seinem Tiguan auf dem Weg nach Hamm

zu seinen Schwiegereltern, um Bügelwäsche abzuholen. Susannes Mutter hatte sich freundlicherweise bereit erklärt, das Bügeln der Wäsche zu übernehmen, die ihr Susanne die Woche zuvor gebracht hatte. Wegen des anstehenden Urlaubs der Brinkmanns in vier Tagen war der Wäscheberg beträchtlich hoch gewesen. Kumba hatte sich als Beifahrer dazugesellt und es sich hinter den Rücksitzen bequem gemacht. Es war auf der B58 in der Höhe von Drensteinfurt, als der Motor des Wagens plötzlich zu stottern begann und der Tiguan nach wenigen Metern stehen blieb. Und dies unmittelbar vor einer viel befahrenen Kreuzung. Walter war mehr als verärgert. Sein Wagen war wenige Tage zuvor in der Werkstatt für die Urlaubstour fit gemacht worden und jetzt so etwas.

Er streifte seine Warnweste über, verließ vorsichtig sein Auto, um das Warndreieck aus dem Kofferraum zu holen und aufzustellen, während die anderen Verkehrsteilnehmer geräuschvoll und mit nur wenig Abstand an ihm vorbeifuhren. Als er die Heckklappe öffnete, wurde ihm schlagartig klar, dass dies kein einfaches Unterfangen sein würde. Auf der Bodenklappe zum darunterliegenden Warndreieck saß die durch den Motorenlärm verschreckte Kumba mitsamt ihres Hundeeinsatzes. Wie sollte er an das Warndreieck kommen?

Just als er versuchte, die Bodenplatte anzuheben passierte es. Kumba sprang in Panik aus dem Wagen, rannte völlig desorientiert in dem Versuch, den Fahrzeugen auszuweichen auf der breiten Straßenkreuzung mal in die eine, mal in die andere Richtung. Es konnte nicht gut gehen. Ein grauer Kastenwagen streifte sie, bevor er zum Stehen kam. Äußerlich waren bei den beiden Verkehrsteilnehmern keine Spuren der Karambolage zu sehen. Aber Kumba konnte innere Verletzungen davongetragen haben.

Eiligst trug Walter den Hund auf den Beifahrersitz seines Wagens, stellt das Warndreieck auf und versuchte, den ADAC anzurufen. Es war ein aussichtsloses Unterfangen und misslang völlig. Der Motorenlärm der vorbeifahrenden Fahrzeuge verhinderte für ihn jedwede Verständigung. Ein freundlicher Autofahrer, der hinter Walters Wagen angehalten hatte und Hilfe anbot, war der Retter in der Not. Walter bat ihn, das Telefongespräch zu führen, damit ein Abschleppwagen herbeigerufen werden konnte. Vierzig Minuten später war dieser zur Stelle und transportierte den defekten Tiguan mit den beiden Insassen zur VW-Werkstatt. Fazit: ein defekter Urlaubswagen, eine ramponierte Kumba und ein konsternierter Walter.

Am folgenden Montag stellte sich heraus, dass Walter Glück im Unglück hatte. Kumba übrigens auch. Der Tiguan konnte nach einem kurzen Werkstattaufenthalt repariert werden. Eine Kleinigkeit an der Nockenwelle war der Grund für den Ausfall des Motors gewesen. Kumba hatte die unsanfte Begegnung mit dem Kastenwagen leidlich überstanden. Der aufgesuchte Tierarzt konnte nichts Verdächtiges feststellen. Walter hatte diesen Teil der unseligen Episode bei seiner Erzählung Susanne gegenüber ausgelassen. Er wollte ihr eine unnötige Aufregung ersparen. Es wäre für sie eine mittelgroße Katastrophe gewesen - und für ihren gemeinsamen Urlaub auch - wenn ihr vierbeiniger Liebling innere Verletzungen davongetragen hätte. Im Zweifel, so mutmaßte Walter, würde seine Frau lieber auf ihn, als auf den Hund verzichten.

∞

AW-Leser schlagen Börsenprofis. Unter dieser Schlagzeile auf Seite vier ihrer ersten Ausgabe im Oktober beendete die Allgemeine Wochenzeitung ihre Artikelserie über kollektive Intelligenz. Höhepunkt war das Duell gewesen zwischen den Anlageprofis verschiedener Banken und Fondsgesellschaften einerseits und der bunt zusammengewürfelten Schar der AW-Leser andererseits. Deren Prognose verfehlte zwar den September Ultimokurs des Dax und damit das richtige Wettergebnis um 0,91 Prozent. Viel entscheidender aber war, dass die gemittelte Erwartung der Profis um 1,60 Prozent viel deutlicher danebenlag.

Ein vernehmbares Raunen ging durch die Fachwelt. Einige Kommentatoren hielten das Ergebnis für puren Zufall, andere überlegten schon laut, Anlageentscheidungen unter Mitwirkung von kollektiver Intelligenz und womöglich zusätzlich bereichert um künstliche Intelligenz zu treffen. Walter fühlte sich bestätigt und Heiner schwankte zwischen Freude und Besorgnis. Freude, weil er seine eigene pessimistische Anlagestrategie dem positiven Schätzwert der Zeitungsleser angepasst hatte, und Besorgnis, da der Glanz sich erfolgreich darstellender Fondsmanager zu schwinden drohte.

Genau auf diesen Punkt kam Heiner zu sprechen, als er mit seiner Erika wenige Tage vor Walters und Susannes Urlaub bei den beiden auf ein Glas Prosecco hereinschaute.

»Meine Fonds sind auf einem guten Weg«, konstatierte er in ausgesprochen guter Stimmung. »Ohne die Impulse von dir und deines Freundes Michael würde ich deutlich schlechter dastehen«, gestand er freimütig ein.

»Und«, meinte Walter interessiert, »kannst du das in Zahlen fassen?«

»Ich will mal so sagen«, antwortete Heiner, »wenn die Prognosen der kollektiven Intelligenz immer so nahe an den tatsächlichen Entwicklungen der Aktienkurse liegen würden, dann«, Heiner suchte nach den richtigen Worten, »würde ich die Finanzwelt aus den Angeln heben können.«

»Seid ihr schon wieder am Fachsimpeln?« Erika kam mit gespielter Klagemiene und leerem Glas auf die beiden Männer zu. »Wir Frauen brauchen dringend noch eine Erfrischung! Steht denn euer Konzept für den Urlaub?«, erkundigte sie sich.

»Aber klar doch«, schaltete sich Susanne ein. »Ich glaube, für jede Eventualität hat Walter einen Alternativplan. Es darf nur nicht wieder wie dieser Tage so ein Missgeschick mit dem Wagen auftreten.«

»Apropos Pkw, warum«, fragte Heiner schelmisch, »können ältere Männer schlechter einparken als jüngere?«

Walter schaute ihn erwartungsvoll an. »Du wirst es mir bestimmt sagen.«

»Im Alter lässt das Gehör nach!« Heiner lachte über seinen eigenen Witz, als würde er ihn zum ersten Mal hören.

»Richtig«, meinte Walter trocken. »Aber mit einem Hörgerät hast du's faustdick hinter den Ohren«, und stimmte in das Lachen von Heiner ein.

∞

Am folgenden Mittwoch, ein sonniger Herbsttag, war es so weit. Walters lang ersehnter Urlaubswunsch stand unmittelbar vor der Erfüllung. Wie lange hatte er auf diese Tour durch Südfrankreich gehofft und wie sorgfältig waren seine Vorbereitungen und Planungen gewesen. Er hatte seinen Tiguan tags zuvor noch waschen lassen, ihn vollgetankt und das Motorenöl kontrolliert. Aus dem Internet hatte er sich eine Checkliste heruntergeladen, welche Gegenstände und Informationen für eine Urlaubsreise mit dem Pkw in Frankreich nützlich sein könnten. Wie ursprünglich von ihm vorgesehen, hatte er den Urlaub dreigeteilt: Wellnesshotel, Flussschifffahrt und Rundreise durch die Provence. An Gepäck gab es drei große Koffer, zwei kleine Taschen und einen eisernen Vorsatz. Er wollte sich jedweden Kommentars über Susannes Fahrstil, der ihm oftmals zu rasant und emotional erschien, enthalten. Er wollte sich auch das Meckern gegenüber anderen Verkehrsteilnehmern völlig versagen. Für Susanne sollte es der schönste Urlaub werden, den sie jemals gemacht hatte, und für ihn natürlich auch. Schließlich wollte er mit ihr und dem Pkw noch weitere gemeinsame Fahrten unternehmen.

Walter hatte die Westfälischen Nachrichten, die sie im Abonnement bezogen, für die Zeit ihrer Abwesenheit abbestellt. An diesem Mittwoch erhielten sie durch den Boten die vorerst letzte Ausgabe kurz vor ihrer Abfahrt. Er steckte sie zum Handgepäck. Das Familienmitglied Kumba war bereits am Abend zuvor bei Walters Freund Roland abgegeben worden und würde wahrscheinlich unter dessen verhätschelnder Obhut mehr zunehmen, als es unter Walters strenger Aufsicht je möglich gewesen wäre.

Susanne fuhr den ersten Teil der Strecke. Mit der Inbrunst eines Märtyrers, der in einer antiken Arena einem hungrigen Löwen gegenüberstand, hatte er ihr dies angeboten. Zuerst ging es auf der A43 durch das Ruhrgebiet, vorbei an der Landeshauptstadt Düsseldorf in Richtung Luxemburg. Nach fünf Stunden Fahrt erreichten sie die französische Grenze. Ab jetzt wurde französisch gesprochen. Er dachte einen Moment an Nicole und war froh, dass diese eigenartige Episode abgeschlossen war. Schade, dass es so gekommen war, sagte er sich, er hätte gerne von ihr die Grundzüge dieser Sprache gelernt. Es war eine der unerfüllten Herzenswünsche in seinem Leben gewesen, gut französisch sprechen zu lernen. Er fand diese Sprache ungleich schöner als Englisch, welches er zwar leidlich in der Schriftform beherrschte, aber wegen seiner Hörprobleme sehr unvollkommen verstand.

An der Landesgrenze hatte Susanne mit ihm das Steuerrad gewechselt. Er war jetzt nicht mehr ihrem rasanten Fahrstil ausgeliefert, zumal die Höchstgeschwindigkeit auf französischen Autobahnen von 130 km/h verbindlich war. Die A31 führte sie nach Metz, dem ersten Highlight ihrer Reise. Die Autobahnausfahrt liegt nur wenige Kilometer vom historischen Stadtkern entfernt. Das Ziel seines Abstechers hatte er vor Jahren zum letzten Mal gesehen und er war gespannt, wie es auf Susanne wirken würde: die Kathedrale Saint-Étienne.

Dieses im Jahre 1520 fertiggestellte Bauwerk gilt nicht nur als eines der schönsten und bedeutendsten gotischen Kirchengebäude in Frankreich. Es besitzt zudem mit 6.500 Quadratmetern weltweit eine der größten Kirchenfensterflächen. Und diese hatten es, jenseits der puren Ausmaße, Walter angetan. Eine Farbsymphonie in Blau, Rot und Weiß, zufälligerweise die Nationalfarben Frankreichs, die Leichtigkeit der gotischen Bauweise unterstreichend und von Marc Chagall geschaffen.

Als Walter ergriffen in der lichterfüllten Kathedrale stand und nach Susannes Hand tastete, flüsterte er: »Schatz, jetzt weißt du, warum das meine Lieblingskathedrale ist.«

Bewegt drückte sie ihn und gab ihm einen Kuss.

»Dürfen Männer in katholischen Kirchen denn geküsst werden?«, fragte er mit einem schelmischen Lächeln.

»Aber sicher, mein Liebster, wenn es nicht gerade der Bischof ist.«

Eine gute Stunde später hatten sie Metz wieder verlassen und befanden sich auf der D6, einer Landstraße, die sie an der Mosel entlang nach Pont-à-Mousson führte. Dort wollten sie zu Abend essen, übernachten und den ersten Urlaubstag ausklingen lassen. Bevor sie den kleinen Ort erreichten, verschlechterte sich das Wetter. Dunkelgraue Wolken kündigten alsbald ein Gewitter an. Walter war daher froh, kurz vor ihrem Zielort ein an der Landstraße gelegenes Hotelrestaurant zu entdecken, das auf den ersten Blick ihren Vorstellungen entsprach. Erst beim Näherkommen sah man, wie verwittert die alte Bausubstanz des Hotels mit dem klangvollen Namen Maison de l'Abbaye Sainte Genevieve war.

»Die Franzosen legen mehr Wert auf eine gute Küche als auf ein schickes Äußeres«, wiegelte Walter ab. »Wir schauen uns erst mal die Speisekarte an«, schlug er vor. »Die ist normalerweise neben dem Eingang im Aushang zu ersehen.«

Er stoppte den Wagen direkt vor dem Hotel. Erwartungsvoll stiegen sie aus und studierten die Speisekarte. Es gab drei Menüs in jeweils unterschiedlichen Preisklassen.

»Tja, mein Frankreichkenner! Dann übersetze doch mal«, meinte Susanne süffisant.

»Na ja«, antwortete Walter, »unser Urlaub soll ja auch Überraschungsmomente bieten. Außerdem bekommt mein Handy das schon raus. Komm, wir bleiben hier. Es fängt zudem gleich an zu regnen.«

»Machen wir, mein Schatz«, willigte sie artig ein. »Schließlich bist du der Tourenplaner.«

Sie nahmen einen Teil des Gepäcks aus dem Wagen und gingen zur Rezeption, wo sie ein gut im Futter stehender älterer Mann begrüßte, der sein Haupthaar gegen einen eindrucksvollen Kinnbart eingetauscht zu haben schien. Die Rezeption vermittelte den morbiden Charme einer lange vergangenen Zeit.

Walter radebrechte in Französisch und wechselte dann ins Englische. Sie sahen sich zwei Zimmer im Obergeschoss an und wählten das aus, welches am weitesten von der häufig befahrenen Landstraße entfernt lag. Susanne blieb direkt dort und begann mit dem Auspacken ihres Koffers, während Walter mit dem Hotelinhaber zurück zum Empfang ging, die Anmeldepapiere ausfüllte und dann den Wagen auf einem direkt hinter dem Hotel liegenden kleinen Parkplatz mit kiesigem Untergrund abstellte. Hier war es deutlich ruhiger. Gebäude und Buschwerk schirmte den Straßenlärm weitgehend ab. Er konnte das geöffnete Fenster ihres Zimmers sehen und Susanne erkennen, die sich offenbar schon für das Abendessen umzog.

Just als er sich mit den restlichen Gepäckstücken wieder auf den Weg zurück ins Hotel machte, setzte das Gewitter, von Donnergrollen begleitet, mit voller Wucht ein. Im Laufschritt hastete er zum Hotel zurück, erreichte durchnässt den Eingang und eilte die Treppe empor.

Die Tür ihres Zimmers war leicht angelehnt. Er drückte sie auf und war im erstem Moment erschrocken und auch etwas verwirrt. Das formschöne Hinterteil eines Stubenmädchens im kurzen schwarzen Rock mit großer weißer Schleife sprang ihm ins Auge. Es machte sich tief gebückt an der gegenüberliegenden Fußleiste mit einem Staubwedel zu schaffen. Walter dachte schon mit Regentropfen behafteter Brille, er hätte sich in der Zimmernummer geirrt, aber die auffallend lasziven Hüftbewegungen passten so gar nicht in das Bild einer sittsamen Hotelangestellten.

Als er schon ahnte, was hier gespielt wurde, drehte sich die Person um und kam ihm mit einer säuselnden Stimme und mit gespieltem französischem Akzent entgegen. »Oh pardon, Monsieur. Ich bin noch nicht fertig mit Putzen. Mon dieu, was sehe ich da? Sie sind ja völlig nass! Da muss ich Sie trocken wedeln.« Susanne wirbelte mit dem Staubwedel um Walters feuchte Kleidung und fuhr mit kokettierter Enttäuschung fort: »No, no, das funktioniert nicht. Ich kann die Feuchtigkeit nicht verwedeln. Sie holen sich schwere Erkältung. Ich muss Ihnen die Kleidung ausziehen, nur zum Trocknen, mon dieu, nur zum Trocknen.«

Walter ließ sich allzu gerne auf dieses Spiel von Susanne ein, die sich offenbar von Erikas erotischen Ideen inspirieren ließ.

Am nächsten Morgen war Walter wie immer, wenn Susanne nicht arbeiten musste, früher wach als sie. Er blieb noch eine Weile entspannt im Bett liegen und genoss das Glücksgefühl, das ihn durchströmte. Die unseligen Irritationen, denen Susanne durch seinen Französischkurs ausgesetzt war, hatten sich wie durch ein Wunder in nichts aufgelöst. Er hatte es anfangs kaum glauben können, dass Nicole so plötzlich und unerwartet von der Bildfläche verschwand. Es ging ihm dabei weniger um das schriftliche Versprechen, ihr 7.000 Euro zu leihen, die er nach seiner Überzeugung nie wieder zurückbekommen hätte. Viel wichtiger war ihm, dass er Susanne nicht erklären musste, was er ihr seinerzeit verschwiegen hatte: seine Nacht bei Nicole nach dem gemeinsamen Besuch des Weindepots. Diese Überlegung war nicht untypisch für Walter, vielleicht sogar für die meisten Männer: unangenehme Dinge in der Partnerschaft auszusitzen, unter den Teppich zu kehren oder einfach zu ignorieren. Leider führt der bequemste Weg nur selten zum Ziel.

Walter verdrängte einstweilen diese Wahrheit erfolgreich. Für ihn zählte, dass sein Verhältnis zu seiner Frau so gut war wie selten zuvor. Er ließ den ersten Urlaubstag nochmals vor seinem inneren Auge ablaufen. Dieser Tag mit ihr in Frankreich war nach seinen Wünschen und Erwartungen verlaufen. Alles war gut. Eine gewisse Aufregung bemächtigte ihn bei dem Gedanken, was die folgenden Tage bringen würden.

Er stand auf, machte seine Morgentoilette und griff zu der Zeitung, die er am Tage zuvor mitgenommen hatte. Nichts ist so alt wie die Zeitung von gestern, kam es ihm in den Sinn. Er las sie nur, weil er die Zeit bis zum Frühstück überbrücken wollte. Oberflächlich überflog er die einzelnen Seiten. Im hinteren Teil, wo die Kleinanzeigen sich drängelnd ihren Platz suchten, sah er sie. Als ob eine unsichtbare Kraft ihn darauf aufmerksam gemacht hätte. Eine Annonce, die ihm sehr bekannt vorkam. Mit der alles begann und die deutlich machte, dass sie wieder zurück war:

Muttersprachlerin erteilt Einzelunterricht in Französisch für Anfänger und Fortgeschrittene. Auch Hausbesuche möglich.
Nähere Informationen unter 01525-3134921, Nicole Haussmann.

Anmerkungen des Verfassers

1. Ich trage seit Jahren Hörgerät und CI-Implantat, wohne in Münster und bin verheiratet. Dies sind die realen Grundlagen für dieses Buch. Die kleinen Episoden um das schlechte Hören, die damit verbundenen Probleme und Missverständnisse, stammen zum Teil aus dem tatsächlichen Erleben.
   Alle sonstigen Begebenheiten und die Charaktere der auftretenden Personen sind dagegen Fiktion. Von dem im Buch behandelten Thema der kollektiven Intelligenz habe ich mich durch James Surowiecki inspirieren lassen, der in seiner Publikation *Die Weisheit der Vielen* mit zahlreichen Beispielen belegt, dass Gruppen oftmals klüger sind als Einzelne. Inwieweit diese Gruppenintelligenz auch für Prognosen der Aktienmärkte zutrifft, ist allerdings offen. Mir sind keine Untersuchungen dieser Art bekannt. Sie mögen aber durchaus ihren Reiz haben.

2. Walter, der Protagonist unserer Erzählung, hat gleich drei Einschränkungen, die allesamt mit dem Hören zu tun haben. Die Resthörfähigkeit des linken Ohrs unterstützt ein konventionelles Hörgerät, sein taubes rechtes Ohr wird durch ein Cochlear Implantat stimuliert und der chronische Tinnitus kann nur durch Entspannungstechniken gemildert werden.

Zu allem Überfluss leidet er, so paradox es klingen mag, an einer Hörempfindlichkeit. Diese tritt oftmals bei schweren Hörschäden dadurch auf, dass die Hörverarbeitung im Gehirn versucht, die Beeinträchtigung wenigstens teilweise zu kompensieren, indem sie die akustischen Informationen nicht mehr filtert, sondern generell verstärkt. Von allen Sinnesorganen sind die Ohren neben den Augen die wichtigsten Fenster zur Welt. Während wir mit den Augen nur einen Ausschnitt vor uns und bei Dunkelheit und im Schlaf gar nichts sehen, sind die Ohren stets aktiv. Bei Gefahr von hinten oder von der Seite sind wir auf unser Gehör angewiesen. Schlafen wir, warnt uns das Gehör, es ruht nie, sondern steht Tag und Nacht auf Empfang, unser ganzes Leben lang.

In Deutschland leben etwa 6 Millionen schwerhörige Menschen, aber nur 2 Millionen nutzen ein Hörgerät. Mit 70.000 Personen ist der Kreis der Träger eines Cochlear Implantats deutlich kleiner. Der Tinnitus beeinträchtigt rund 2,7 Millionen Menschen, die Hälfte davon so stark, dass es ihr Leben massiv stört. Unter Tinnitus versteht man ein subjektives Hörempfinden, das nicht durch äußere Geräusche verursacht wird, sondern im Körper des Betroffenen selbst entstehen. Es wird als Klingeln, Rasseln, Pfeifen oder Summen in den Ohren wahrgenommen. Tinnitus ist nicht heilbar.

Bei fortgeschrittener Schwerhörigkeit oder Taubheit

ist die Gebärdensprache eine wichtige Kommunikationsform. Sie hat jedoch eine düstere Vergangenheit, bevor sie allgemein anerkannt wurde. Nachdem der Pädagoge Samuel Heinicke im Jahr 1778 die erste Gehörlosenschule in Leipzig gründete und ihr Dutzende weiterer Schulen in Europa folgten, wuchs eine Bewegung von zumeist hörenden Gelehrten, die jegliche Gebärdensprache ablehnte. Sie wurde als Affensprache hingestellt. Man argumentierte, Taube müssten an die Gesellschaft angepasst werden und das Sprechen erlernen. Was nütze es, so ihr Credo, sie in einer lautlosen Sprache zu unterrichten, wenn sie sich in einer lautsprachigen Umgebung nicht verständigen können? Dies führte dazu, die Gebärdensprache im Unterricht zu verbieten.

Die Gehörlosenschulen konzentrierten sich daher darauf, ihren tauben Schülern mit viel Qual das Sprechen zu lehren, statt ihnen Inhalte zu vermitteln. Mit katastrophalen Ergebnissen, die lange nachwirkten. Die gehörlosen Schüler sprachen nach ihrer Schulentlassung zumeist so schlecht, dass man sie nicht verstehen konnte. Erst viele Jahrzehnte später erfolgte ein Umdenken. Im Jahre 2002 erkannte der Gesetzgeber die Deutsche Gebärdensprache als offiziell eigene Sprache an und im Jahr 2021 beschloss die Kultusministerkonferenz ihre Einführung als Wahlfach in der Sekundarstufe I.

Heute leben in Deutschland 80.000 Gehörlose und

die Deutsche Gebärdensprache wird von mehr als 200.000 Menschen beherrscht. An verschiedenen deutschen Universitäten kann das Fach Gebärdensprache mit dem Abschluss Bachelor studiert werden.

Das Lippenlesen wird von stark Hörbehinderten oft in unterschiedlich intensiver Form als Unterstützung für bereits vorhandene technische Hörhilfen genutzt. Nur wenige Menschen sind in der Lage, alleine anhand der Position der Lippen, der Bewegungen der Gesichtsmuskeln, des Atemmusters und des Kontextes der Situation einen Sprechenden zu verstehen. Die Buchstaben ›f‹, ›s‹ und ›z‹ können ohnehin nicht erkannt werden. Für jeden Schwerhörigen fördert es aber die Verständigung, wenn er die Lippen seines Gesprächspartners sehen kann.

3. Die Figur des Fondsmanagers Heiner Blümer und die Bank Kleinfeld & Körner sind Fantasieprodukte. Durchaus real sind bei vielen Kapitalanlegern jedoch die Vorbehalte, die Walter Brinkmann im Buch gegenüber den Ergebnissen der Anlageprofis äußert. Sie erzielen zwar in der Tat gelegentlich erstaunliche Wertsteigerungen ihrer Anlagen, die über dem Marktdurchschnitt liegen, zumeist aber schneiden sie schlechter ab. Ein wesentlicher Grund hierfür sind die einmaligen und laufenden Gebühren, die

entweder einen Teil der Gewinne aufzehren oder den Verlust noch vergrößern. So lagen zum Beispiel fast 90 Prozent der Investmentfonds-Manager im Zeitraum 1984 bis 1999 unterhalb der Ergebnisse des Wilshire-5000-Index, dem ältesten und umfassendsten Aktienindex der Welt. Er wird von vielen Finanzinvestoren verwendet, um ihre eigenen Aktienportfolios zu messen und zu vergleichen und kann daher als repräsentativ angesehen werden.

Professor J. Scott Armstrong von der Wharton University hat nach Durchsicht zahlreicher Untersuchungen über Expertenprognosen und deren Treffsicherheit resümiert, dass er keine einzige Studie fand, die einen signifikanten Vorteil von Fachkenntnis zeigte. Diese Behauptung wird von kompetenten Wirtschaftswissenschaftlern, darunter eine Reihe von Wirtschaftsnobelpreisträgern, unterstützt. Der Autor lässt Walter in der vorliegenden Erzählung die Performance von Fondsmanagern sehr plastisch auf drei Faktoren zurückführen: Glück, Pech oder Zufall.

Selbst Affen, so behauptet Walter im Buchtext, treffen bessere Anlageentscheidungen als ihre humanoiden Verwandten. Dies haben Wissenschaftler der renommierten Cass Business School in London herausgefunden. In einer Rückrechnung über einen Zeitraum von 43 Jahren schlugen die Affen ihre biologischen Vetter deutlich. Für ihre Experimente setzten die Forscher keine echten Tiere ein, sondern programmierten einen Computer, der das Affenhirn simulierte. Nur so konnten millionenfache Tests durchgeführt werden.

Dennoch erfreuen sich viele Fondsmanager des Vertrauens ihres Anlegerpublikums und sonnen sich im Rampenlicht der Fachwelt wie Hollywoodstars.

Wie ist dies zu erklären? Die Antwort ist zumeist simpel. Viele Anleger trauen sich wenig finanzwirtschaftlichen Sachverstand zu und neigen gleichzeitig zur Überschätzung von Experten. Sie sind froh, ihr Geld in die Verantwortung von Analysten und Fondsmanagern zu geben, die die Erwartung schüren, die Entwicklung von Einzelfirmen oder Märkten durch ihr besonderes Fachwissen prognostizieren zu können. Die Anleger sind sogar bereit, hierfür satte einmalige und laufende Gebühren zu zahlen.

Dabei gibt es einen Ausweg, der langfristig bessere Anlagerenditen ermöglicht und zugleich hohe Gebühren vermeidet: den ETF (Exchange Traded Fund). Im Unterschied zu den klassischen Fonds, die aktiv von Managern durch Käufe und Verkäufe, je nachdem wie sie die Entwicklung der betreffenden Gesellschaften einschätzen, betrieben werden, wird bei einem ETF ein bestimmter Index, zum Beispiel der Deutsche Aktienindex (DAX) passiv nachgebildet. Die Wertentwicklung eines ETF verhält sich daher weitgehend parallel zu der des jeweils zugrundeliegenden Index. Die klassischen Aufgaben eines Fondsmanagers entfallen somit und die damit verbundenen üppigen Gebühren für die Anleger ebenfalls.

ETFs haben sich in den vergangenen Jahren zu einer beliebten Anlageform entwickelt. Es gibt ETFs für Aktien, Anleihen und Rohstoffe. Alleine in Deutschland werden rund 1.000 ETFs angeboten, weltweit sind es etwa 10.000.

4. In der Buchgeschichte berichtet der Fondsmanager Heiner von einer verunglückten Spekulation im Zusammenhang mit einem sogenannten Leerverkauf. Dieses heute häufig eingesetzte Kapitalanlageinstrument diente ursprünglich der Absicherung, wird aber auch aus spekulativen Überlegungen genutzt.

   Wie funktionieren solche Leerverkäufe, auch Short-Trading genannt, in unserem dargestellten Beispiel? Kleinkörner leiht sich über einen Makler Aktien zu einem bestimmten Preis und verkauft diese unverzüglich an der Börse. Dann wird gewartet und gehofft, dass die Papiere später billiger in einer zuvor vereinbarten Frist zurückgekauft werden können. Die Differenz ist nach Abzug einer Leihgebühr der Gewinn. Der Aktienleiher hat typischerweise kein Interesse am langfristigen Besitz des Wertpapiers.

Dank fundamentaler oder charttechnischer Analysen, verbunden mit einem spekulativen Ansatz, ist er von einer Überbewertung der Aktien überzeugt, die kurzfristig - so seine Hoffnung - zu einem Kursrückgang führt.

Der Verleiher hingegen hat langfristig in seine Aktienanlagen investiert und denkt nicht daran, zu verkaufen. In diesem Sinne fährt er auf einer Einbahnstraße. Um seine Rendite zu erhöhen, verleiht er seine Aktien gegen eine Leihgebühr.

Ein prominentes Beispiel für einen gescheiterten Leerverkauf ist die VW-Aktie. Leerverkäufer hatten im Jahr 2008 große Positionen gegen Volkswagen aufgebaut. Die VW-Aktie galt als überbewertet und reif für eine Korrektur. Doch das Gegenteil trat ein. Unerwartet kündigte Porsche an, Volkswagen, die eigene Muttergesellschaft, übernehmen zu wollen. Der Kurs stieg und zwang ungezählte Shortseller sich bei steigenden Kursen einzudecken. Die Leerverkäufer trieben wechselseitig den Kurs hoch, bis dieser schließlich für kurze Zeit über 1.000 Euro notierte. Mit dramatischen Folgen. Einige Leerverkäufer verloren ihre wirtschaftliche Existenz und nahmen sich das Leben.

Gernot Beger

Der stumme Zeitzeuge

Erlebnisse im langen Leben eines Lexikons

PRINCIPAL

Gernot Beger

Der stumme Zeitzeuge

Erlebnisse im langen Leben eines Lexikons
Roman

Ein antiquarischer Buchhandel in Münster wird aufgelöst und der gesamte Buchbestand zu kleinen Preisen verkauft. Darunter befindet sich ein mehrbändiges Lexikon, welches für den Käufer Gerd Berger nicht nur eine überraschende Widmung, sondern auch die Lösung eines persönlichen Problems enthält: Die Bedrohung seines ungeborenen Kindes durch die tückische Erbkrankheit Chorea Huntington.

Die über hundert Jahre alten Bücher waren Zeitzeugen turbulenter geschichtsträchtiger Jahrzehnte. Bei so unterschiedlichen Besitzern wie einer gutbürgerlichen Familie, einem Pfarrer und einem Hausarzt erlebten sie nicht nur skurrile Begebenheiten und menschliche Tragödien, sie waren sogar an einigen unmittelbar beteiligt.

Erzählt wird dies alles mit einer Prise Humor aus der Sicht eines der Bücher der Lexika-Sammlung. Eine ebenso spannende wie geschichtsträchtige und vielseitige Erzählung mit einem unerwarteten Ende.

ISBN 978-3-89969-257-0; Kt.; 410 S.